KB262434

발달장애인의 직업 전 훈련

프로그램의 실제

이나미 · 김경신 공저

서 / 문

대체로 직업교육은 고등학교 수준인 15~16세에 실시하게 되지만 중등도 이상의 장애인인 경우에는 초등학교때부터 앞으로의 직업에 대비시키는 것도 바람직하다. 생태학적인 평가 (Ecological Assessment)를 통하여 학생의 성별, 거주할 곳, 부모나 기타 보호자의 의견, 학생자신의 관심 영역과 장애영역을 일찍부터 판단하여 직업교육과 직업이전의 단계로서 직업전 교육(Prevocational Work)을 준비하여 학생을 대비시키는 것도 매우 중요하다고 하겠다. 직업전교육을 위한 교육과정 프로그램은 다음과 같이 학생의 관심영역을 중심으로 과제를 분석하여 제시하는 방법을 아래의 예와 같이 구성해 볼 수 있다.

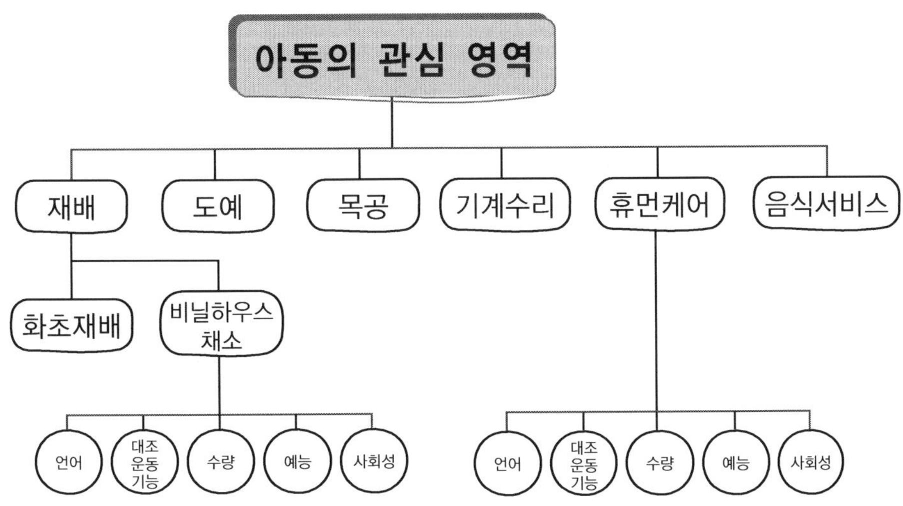

위와 같은 형태로 교육과정을 구성하여 초등학교 고학년부터 일정시간을 교육시키게 되면 중등도 이상의 중증 장애아동들이 겪는 교육내용의 비현실성을 극복하게 할 수 있으며 수업을 통한 자연적인 강화현상이 가능할 수 있을 것이다. 즉 자신이 배우는 내용과 장래의 현실적인 작업과 직업에 대한 연계를 하게 되어 배우는 내용이 강화체인으로 작용하므로써 학습 동기력을 높일 수 있다.

여기 제시된 직업 전 훈련 프로그램은 작업에 관련된 가장 기초적인 훈련 프로그램으로써 직업훈련 이전에 작업의 의미를 습득하고 현장이 아닌 학교의 수업시간에 훈련을 통하여 직업훈련의 전단계를 지도하는 기본자료로 활용할 수 있다. 이 자료는 외국의 작업훈련 프로그램을 참고하였고, 또한 우리나라의 최근 발달 장애인을 위한 직종개발 시범사업 중에서 일에 보람을 느끼고 긍지를 가질 수 있는 영역으로써의 휴먼케어관련 직업전 활동과 음식서비스 활동을 첨가하여 제작하였다. 발달 장애인도 일반인과 마찬가지로 타인과 인간적인 교류를 할 수 있는 업종을 필요로 하며 그러한 작업에서 보람을 느끼고 직업을 유지하게 된다.

이 프로그램은 작업의 의미, 작업의 즐거움 및 보람과 같은 정의적인 내용들과 흥미적성 파악과정을 병행하여 지도하는 것이 좋으며 이 프로그램을 기초로 하여 다른 작업 영역으로 확대할 수도 있을 것이다. 마지막으로 이 책을 제작하는데 사진촬영을 허용해준 목포 인성학교 측에 감사드린다.

C·O·N·T·E·N·T·S

목 / 차

프로그램 작성을 위한 제언

학생들을 위해 작업을 선택할 때에는 목차를 참조하여 선별적으로 지도할 수 있다. 70가지의 작업은 10개의 범주로 나뉘어졌다. (1) 패키지하기, (2) 분류하기, (3) 조립 및 패키지하기, (4) 종이작업, (5) 철하기, (6) 맞추기 및 재현하기, (7) 전자공학 작업, (8) 부축하기, (9) 음식서비스, (10) 기타 작업으로 70가지의 작업은 각 범주 아래 쉬운 것에서 어려운 순서로 기재되었다.

1~7까지의 작업과 10의 작업은 기본적인 도구와 물품들을 사용하는 활동으로서 필요한 물품들은 독립된 용기에 보관하여 활용할 수 있다. 8~9의 내용은 환자, 병원의 상황 및 음식점의 상황을 필요로 하는 활동이다. 훈련에 필요한 모든 재료는 작업 각개의 독립된 용기에 보관한다. 각 작업에 번호를 매기고 그에 해당하는 번호가 적힌 라벨을 그 용기에 붙인다. 번호순으로 각 용기를 보관할 필요가 있다. 작업번호와 작업명이 명시된 일람표를 만든다. 또한 훈련 중에 새로운 작업을 고안할 때마다 일람표에 첨가하여 한눈에 알아볼 수 있는 정리가 필요하다.

어떤 학생이 무슨 작업에 임하고 있고, 또 누가 작업을 끝마쳤고, 누가 작업 중에 있는가를 파악하는 일은 중요하지만 어려운 일이다. 학생으로 하여금 작업을 언제나 완수하게 시키는 것을 강력히 권고하기 때문에 12명 혹은 그보다 더 많은 학생을 동시에 추적하는 기록보관 시스템이 필요하다. 따라서 아래의 차트는 그러한 학생능력 추적의 한 차트로 활용할 수 있다. 선을 그어 각 학생 이름을 일람표에 써 넣는다. 연필을 사용하여 각 학생이 완수할 작업번호를 대략 10개 정도 기재한다. 학생이 작업을 완수할 때, 리스트의 작업번호를 빗금

친다. 작업시간이 끝났는데 학생이 작업 중에 있을 경우 뚜렷이 대조되는 색깔로 미완성의 작업번호에 동그라미를 친다. 그렇게 하여 새 작업시간에 학생이 이전의 작업을 계속하여야 하는지 혹은 새로운 작업을 할 필요가 있는지를 알 수 있다. 게다가 빗금이 쳐지지 않은 번호가 남아 있으면 다른 작업에 들어가지 못하고 이전의 작업을 완수하여야 한다. 학생의 이름 옆의 번호가 모두 빗금이 쳐지면 특별상을 학생에게 줄 수 있다.

학생 이름	작업번호
영희	
주희	
성국	
진희	
정규	
학인	
규식	
보람	

작업은 최소한 1시간 내지 2시간의 분량으로 할 수 있도록 목적에 맞게 충분한 자료를 준비할 필요가 있다. 학생들은 그들이 익숙한 학교 작업에 비하여 완성하는데 더 오랜 시간이 걸리는 작업을 훈련하여야 한다. 학교에서 학생은 매 15분 마다 빈번히 작업을 변경할 수는 있으나 비경쟁 작업실에선 학생이 동일한 작업을 한 번에 수주일 시행할 수 있으며 종류와 색상과 난이도를 조금씩 높여 수주일 행할 수도 있다.

새 작업을 만들어낸 후, 교사는 그것을 완수하는데 걸린 시간을 기록해두어야 한다. 그 시간은 작업번호와 제목 다음의 작업 색인표에 기록한다. 그리고 그 걸린 시간은 작업의 100% 생산성으로 간주할 수 있다. 그 후 각 학생이 작업을 시작할 때 그 시각을 기록한 후 작업이 완수되면 총 시간이 합산되고 학생의 작업생산성 퍼센트는 다음과 같이 산출할 수 있다. 비장애인이 걸린 시간 ÷ 장애인이 걸린 시간 × 100 = (   ) %. 오류수정에 걸린 시간은 학생의 총시간에 포함시켜야 한다. 작업이 완료되었다고 생각하기 전에 언제나 오류가 있는지를 철저히 점검하여야 한다.

중요한 규칙은 학생이 참석하고 있는 동안에는 절대로 작업을 해체하지 말아야 한다. 작업을 완수하기 위하여 오랜 시간 동안 일한 후, 그것이 순식간에 해체되는 것을 본다는 것은 학생들의 사기를 저하시키는 일이다.

작업에 걸린 시간을 추적하기 쉽게 차트를 만들 수 있다. 각 학생에게 두 장의 종이인 타임 시각표와 생산 비율표를 끼워 넣은 폴더를 준다. 학생은 그 폴더를 작업 기간 동안 학생의 작업대 옆에 놓아둔다. 첫 번째 종이는 타임시각 용지이다(아래의 예). 교사는 작업번호, 날짜, 시작시각을 기록한다. 만일 작업이 중단되거나 또는 작업시간이 끝났을 경우에는 학생은 종료시각에 표시하여야 한다. 혹은 교사에 의하여 종료시각을 표시할 수도 있다. 작업장에 다시 돌아왔을 때에는 학생의 작업시작 전에 시작시간을 기록하거나 교사에 의하여 기록해준다. 조작이 가능한 타임레코더가 있으면 더욱 편리하게 시작시각, 종료시각, 재시작시각 등을 간단히 타임카드로 기록할 수 있을 것이다.

타임시각표

이 름: ______________________

작업번호	날짜	시작시각	종료시각	작업번호	날짜	시작시각	종료시각

　학생이 작업을 완료하면, 교사는 그 작업을 점검하고, 학생으로 하여금 오류를 정정하게 한다. 그 다음 학생이 작업을 완수하는데 걸린 시간을 합산하고 학생의 작업 생산성 백분율을 산출하여 생산 비율표에 기입한다. 작업에 대한 훈련은 반복하므로 점차적으로 백분율이 어떻게 변화되는지를 한눈에 볼 수 있다. 백분율의 표는 학생이 오류를 줄이고 속도를 높여 생산성을 증가시키는데 목적이 있다.

생산 비율표

이 름: ___________________

작업번호	생산비율의 변화						
	1회	2회	3회	4회	5회	6회	7회
1. 빈 깡통 패키지하기	27%	30%	35%				
2. 콩 패키지하기	17%	18%					
10. 색깔별로 분류하고 패키지하기	25%	20%					
11. 모양별로 분류하고 패키지하기	16%	17%					
15. 주사기 덮개를 조립 및 패키지하기	14%	15%					
20. 봉투에 채워 넣기	10%	12%					
31. 색깔별로 철하기	20%	20%					
32. 도안별로 철하기	20%	23%					
37. 벽지견본 맞추기	16%	17%					
38. 천의 패턴 및 모양 맞추기와 옷핀 사용하기	15%	16%					

이 프로그램의 목표는 비경쟁 작업실에서 필요한 기술을 사전에 습득하게 하는데 목표가 있으며 훈련의 내용은 규정된 기준에 충실하게 따르도록 할 필요가 있다. 기준으로는 다음 6가지를 들 수 있겠다.

기준 1. 정확도

   2. 속도

   3. 조언 없이 완성단계까지 일하기

   4. 작업중 중단 없이 작업지속하기

   5. 완료나 재료가 떨어진 경우 담당자와 접촉하기

   6. 방해 없이 작업하기

PART 1

패키지 작업 (Packaging Tasks)

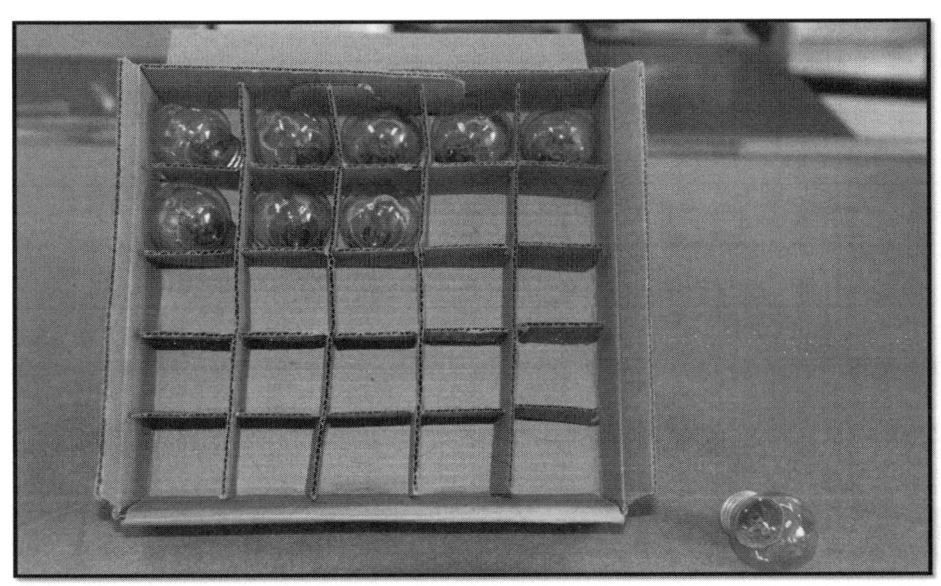

 전구 패키지하기

>> **선행기술**

하나에 하나 대응하기 ··· 전구 한 개를 나뉜 공간에 넣기

왼쪽에서 오른쪽으로, 위에서 아래로의 진행 ··· "생산주기"를 만들어
내기

≫ 재료

전구 100개 … 꼬마전구. 작업범위를 확대하기 위하여 더 다양한 크기의 전구를 점차로 추가해도 좋다.

여러 칸으로 분할 된 상자 … 필요한 상자의 수효는 사용할 전구의 수효와 상자 당 나뉜 칸의 수에 따라 다르게 될 것이다. 철물점이나 마트에서 전구 상자를 구할 수 있다.

≫ 진행방법

학생은 칸막이가 쳐진 서너 개의 빈 상자와 전구가 적어도 100개가 있는 탁자 또는 카운터에 선다.

학생은 상자의 맨 위 왼쪽에서 시작하여 왼쪽에서 오른쪽으로, 위에서 아래의 진행순서로 상자를 채울 때 까지 이동하면서 상자의 각 칸에 전구 한 개씩을 넣는다.

학생은 모든 상자가 전구로 채워 질 때까지 계속한다. 꼬마전구의 작업에 익숙해지면 크기가 다른 전구를 이용해서 작업능력을 점차 확대 시켜야 한다.

 콩 패키지하기

선행기술

집게를 움켜잡기 … 서너 개의 콩을 한 번에 줍고, 그 콩을 흘리지 않고 옮기는 능력.

양의 판단 … 뚜껑이 병에 맞지 않게 매우 많이 담거나 또는 넘치는 것이 없게 병의 꼭대기까지 채우는 능력.

손목의 유연성 … 병뚜껑을 돌려 닫는 능력.

재료

뚜껑이 있는 작은 병 12개 … 음료수 병이나 화장품 용기와 같이 뚜껑에 스크류가 있는 작은 병이면 어떤 형태의 것이라도 사용이 가능하다.

콩 한되 … 마른 콩이면 어떤 형태이든지 가능하다.

용기 2개 … 콩을 담을 용기와 가득채운 병을 담을 만큼 튼튼한 용기.

진행방법

왼쪽에서 오른쪽으로 진행시키기 위하여 빈병 12개는 학생의 앞쪽에, 콩이 담긴 용기는 왼쪽에, 그리고 "완료된" 병을 담을 용기는 학생의 오른편에 놓아져야 한다.

학생은 한줌의 콩을 집어 병에 담는다. 학생은 병이 가득찰 때까지, 그러나 넘치지 않을 때까지 콩을 병에 담는 것을 계속한다. 학생은 그 다음 병에 뚜껑을 올려놓고 병위의 뚜껑을 꼭 닫힐 때까지 돌려 닫는다. 그리고 그 병을 "완료된" 병을 담는 용기에 넣는다.

학생은 병 모두를 채우고, 뚜껑을 닫고 "완료"용기에 담을 때까지 이 절차를 반복한다.

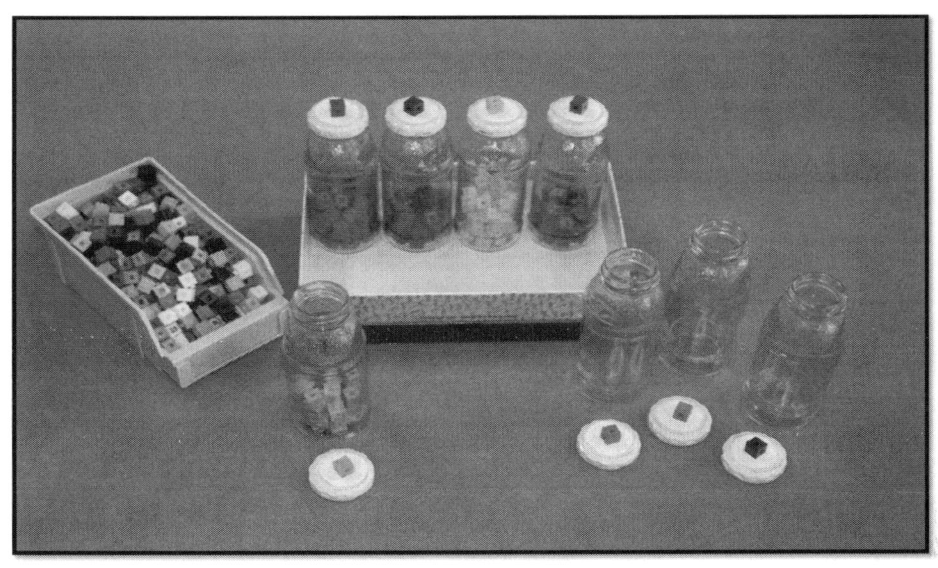

 페그 패키지하기

선행기술

색깔에 의한 분류 ⋯ 적당한 병에 페그를 분류하는 능력.

양의 판단 ⋯ 뚜껑이 병에 맞지 않게 넘치거나 많이 담지 않고 병꼭대기까지 채우는 능력.

손목의 유연성 ⋯ 병뚜껑을 돌려 닫는 능력.

색깔 맞추기 ⋯ 뚜껑 위의 페그 색깔과 병안에 있는 페그의 해당 색깔 맞추기.

재료

페그 약 300개 ··· 6가지 색깔의 페그 각 50개씩, 적어도 5가지 또는 6가지의 상이한 색깔의 많은 양이 있으면 어떠한 물건도, 어떤 색깔이라도 가능하다.

병 12개 ··· 분류할 품목을 담기에 충분히 큰 뚜껑이 있는 병, 상이한 2개의 병 뒷면에 동일한 색깔의 페그를 1개 붙인다.

용기 2개 ··· 분류할 아이템을 담을 용기와 채워진 병을 담을 만큼 튼튼한 용기.

진행방법

왼쪽에서 오른쪽으로 진행시키기 위하여 2줄의 6개의 병은 학생 앞쪽에, 분류할 아이템이 담긴 용기는 학생의 왼편에 "완료"아이템을 담을 용기는 학생의 오른 편에 놓아야 한다.

학생은 주용기에서 아이템을 꺼내서 그것을 뚜껑의 해당색깔로 병에 분류한다. 학생은 주용기에서 한 가지 색깔의 모든 아이템을 골라내지 않도록 설명하여야 하지만(예: 모든 적색 페그) 학생은 계속 분류하도록 격려되어야 한다.

병을 가득 채웠을 때, 학생은 병뚜껑을 닫고, 그리고 그것의 "완료"상자에 담는다. 학생은 병 12개 모두를 채워넣고, 뚜껑을 닫고, "완료"상자에 담을 때까지 그 과정을 반복한다.

잘 못하는 학생을 위하여, 교사는 눈에 보이는 힌트로 서너 개의 페그를 적당한 용기에 담아주어도 좋다. 우수한 학생에게는 말로 힌트를 주고 분류 체계를 세우도록 촉구할 수 있다.

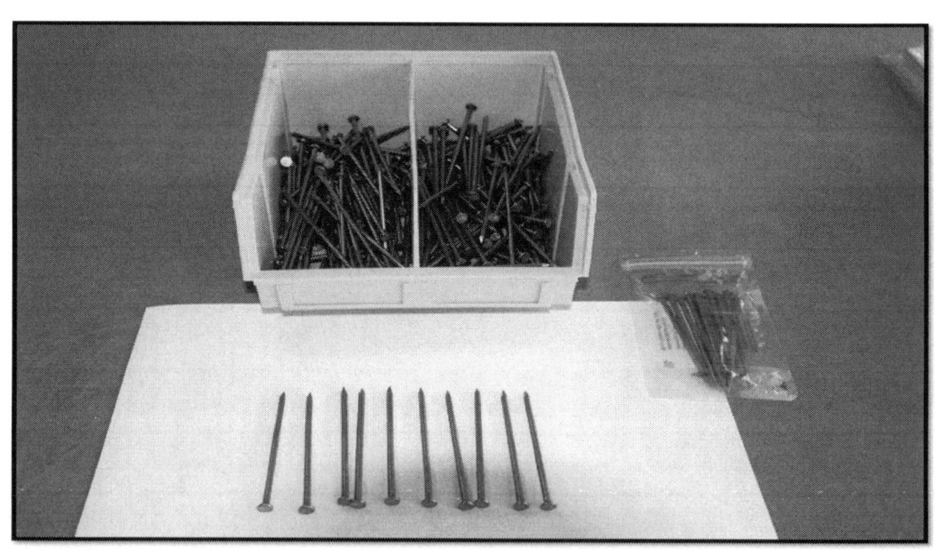

 못 패키지 하기

선행기술

하나에 하나 대응하기 ⋯ 집계판의 각 표시(마크)에 못 한개 놓기.

왼쪽에서 오른쪽으로 진행 ⋯ 집계판에 못을 차례대로 놓기.

봉하기 ⋯ 자체 밀폐되는 주머니를 닫기.

재료

150개 : 목재소 또는 주변의 철물점에서 재료를 기증받거나 구입할 수 있다.

집계판 1 개 ⋯ 10개의 못 표시가 그려있는 30㎝×15㎝ 크기의 두꺼운 마분지 못은 구르는 경향이 있다. 그래서 못이 너무 구르는 것을 막는 경계를 만들기 위해서는 각 못 표시 사이에 파이프-클린너 테이프를 감는 것이 도움이 된다.

주머니 15개 ⋯ 샌드위치 크기의 자체 밀폐되는 주머니

상자 1개 ⋯ 상자 또는 못을 담을 수 있는 용기면 어떤 형태의 것도 가능하다.

진행방법

작업을 지속적으로 왼쪽에서 오른쪽으로 진행시키기 위해서 못상자는 학생의 왼쪽에, 집계판은 가운데에, 주머니는 오른쪽에 놓아야 한다.

학생은 한 줄의 못을 집어 왼쪽에서 오른쪽 순으로 집계판이 채워질 때까지 하나씩 놓는다.

학생은 그 다음 휩쓰는 동작으로 못 모두를 한손으로 집계판에서 그러모으고, 그것을 주머니에 담고, 주머니를 봉하여, 그것을 "완료"더미에 올려놓는다.

학생은 못 모두를 주머니에 담을때까지 이 주기를 계속한다.

CD 패키지하기

선행기술

로고 식별 및 맞추기 … CD라벨의 로고를 판정하고 해당 로고를 찾는 능력.

눈-손의 협응 조정 … CD를 CD자켓에 집어넣기

하나에 하나 대응하기 … 잘 못하는 학생이 각 CD자켓에 CD를 한 장씩 집어넣는 능력.

재료

CD 50장 …학교의 컴퓨터실이나 컴퓨터 부품 판매점에서 비전이 낮아서 못 쓰는 CD를 쉽게 구할 수 있다.

CD를 자켓에 집어넣고 담을 용기

진행방법

학생은 CD 라벨에서 CD 회사 로고의 위치를 알아내고, 그 다음 그것의 해당 로고를 가진 것을 찾아낼 때까지 CD자켓을 면밀히 조사한다. 학생은 그 다음 CD를 CD자켓에 집어넣고 그것을 "완료"상자에 담는다.

잘 못하는 학생은 CD를 CD 자켓에 맞출 필요가 없다. 그들의 작업은 아무 CD 자켓에 CD를 한 장 집어넣고 그것을 "완료"상자에 담는다.

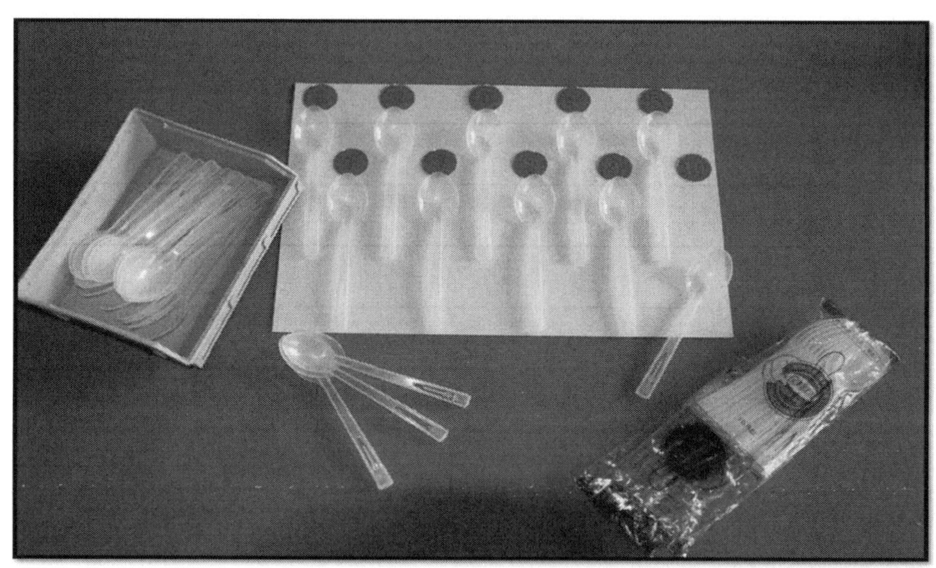

 ## 스푼 패키지 하기

선행기술

하나에 하나 대응하기 … 해당하는 각 마크에 스푼 한 개

아이템 식별 … 바른 줄에 아이템을 놓기

왼쪽에서 오른 쪽으로 진행 … 닥치는 대로 보다는 왼쪽에서 오른쪽 순으로 아이템을 놓는 것을 항상 강조하여야 한다(이것은 "생산 주기방식"으로 불리운다).

봉하기 … 자체 밀폐되는 주머니 닫기

재료

스푼과 포크 각각 250개씩 ⋯ 플라스틱 피크닉 도구.

주용기 1개 ⋯ 스푼을 담는 용기.

주머니 25개 ⋯ 샌드위치 크기의 자체 밀폐되는 주머니.

집계판 1개 ⋯ 불변색 펜으로 마크가 그려졌고 깨끗한 밀착 페이퍼로 씌우거나 또는 박판을 씌운 30㎝X 40㎝ 정도 크기의 두꺼운 종이.

진행방법

주용기에서, 학생은 스푼을 한 번에 하나씩 집어 그것을 오른쪽의 윤곽 포크까지 10개의 마크를 망라하여 집계판 위에 놓는다. 학생은 동일한 방법으로 스푼 10개를 판위에 놓는다.

학생은 그 다음 휩쓰는 동작으로 손으로 포크를 그러모아 자체 밀폐되는 주머니에 담는다.

학생은 스푼을 가지고 그 과정을 반복하고, 그것을 포크가 담긴 동일한 주머니에 담는다. 학생은 주머니를 봉하여 그것을 "완료"더미에 놓는다.

학생이 스푼을 바르게 담으면 일회용 포크를 더 구입하여 한 세트로 집계판에 넣고 포장하도록 작업의 범위를 확대한다.

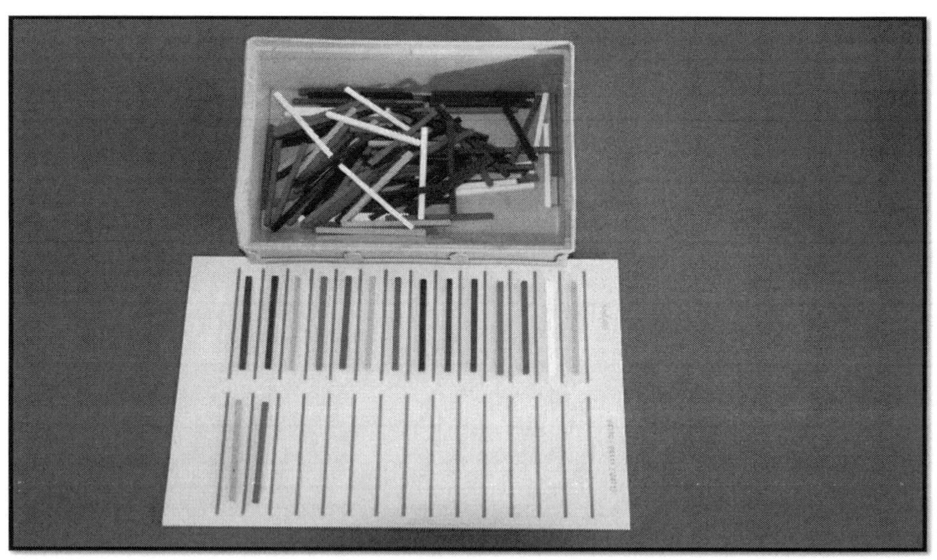

 금속제나 나무로 만든 표(토큰) 패키지하기

선행기술

하나에 하나 대응하기 … 집계판에 각 공간에 토큰 한 개 놓기

왼쪽에서 오른쪽으로, 위에서 아래로 진행 … 순서대로 토큰을 집계판에 놓기 (생산주기)

패키지하기 … 토큰을 상자에 담고 그 상자를 닫기

재료

토큰 900개 ⋯ 어떤 작은 물건이라도 수백 개이면 된다.

집계판 1 개 ⋯ 태그보드로 만들어진 집계판. 물건의 자국을 표시하거나 각 물건이 놓여져야 할 윤곽을 만들어라. 15개의 각 선 4줄이 그려져 있거나 사용될 물건의 윤곽이 있어야 한다.

마분지 상자 15개 ⋯ 패키지 한 물건을 담을 만큼 큰 커다란 상자. 선물가게, 문방구, 백화점, 또는 철물점에서 헌 상자를 얻을 수 있다.

주용기 1 개 ⋯ 패키지 할 물건을 모두 담기에 충분한 커다란 용기

진행방법

토큰이 담긴 주용기는 집계판의 왼쪽에, 그리고 "완료"더미는 집계판의 오른쪽에 놓여져야 한다. 그래서 다음의 작업이 지속적으로 왼쪽에서 오른쪽으로의 진행이 이루어진다. 봉투에 사각형 벽지 더미를 놓는다.

상이한 색깔 토큰을 사용하려 한다면 학생을 한 색깔의 모든 토큰을 고르어 집계판에 놓지 않도록 하여야 한다. 이 작업의 중요성은 집계판에 왼쪽에서 오른쪽으로, 위에서 아래의 진행순으로 토큰을 하나씩 놓는 것이다. 학생들은 색깔 기준을 문제시 하지 않고 판에 단순히 임의의 색을 놓는 것이 어려울 수도 있다. 그러나 새롭고 익숙하지 않은 지시를 따를 수 있는 유연성을 키우는 의미에서 매우 중요한 작업이라고 하겠다.

학생은 주용기에서 토큰 한줌을 꺼내어 집계판에 왼쪽에서 오른쪽으로, 위에서 아래쪽으로 하나하나씩 놓는다.

집계판이 모두 채워졌을때, 학생은 왼쪽에서 오른쪽으로 휩쓰는 동작으로 토큰을 그러모아 작은 마분지 상자에 담는다. 2줄 또는 4줄의 토큰 모드를 동일한 상자에 담았을때, 학생은 그 상자를 닫아, 그것을 "완료"더미에 놓는다.

학생은 15개의 상자 모두를 채워 닫고 "완료"더미에 놓을때까지 그 과정을 반복한다.

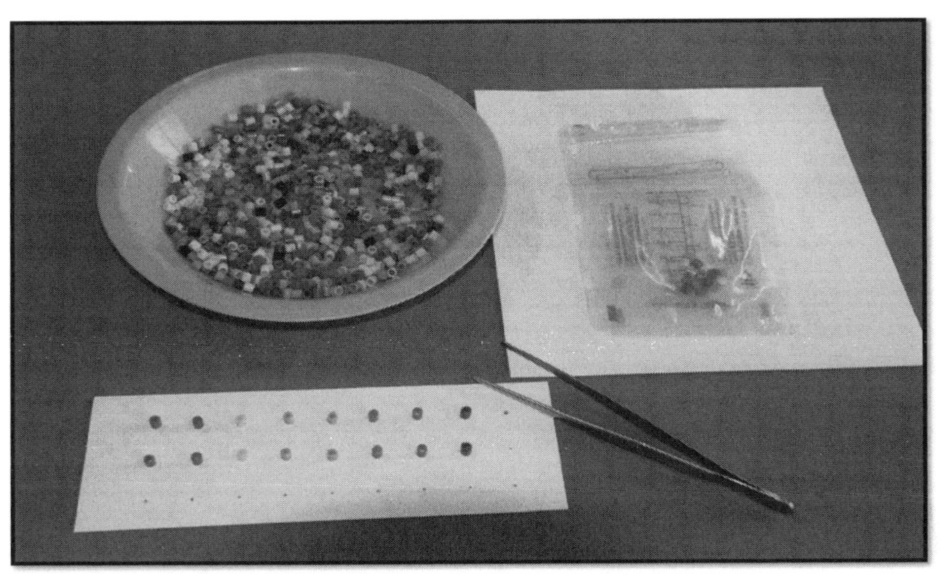

 **핀셋을 가지고 패키지 하기**

선행기술

핀서 움켜잡기 ··· 핀셋을 사용하기

하나에 하나 대응하기 ··· 점 하나에 칩 한 개

왼쪽에서 오른쪽으로 진행 ··· 순서대로 점 위에 칩 놓기

쏟아 붓기 ··· 주머니에 칩을 쏟아 붓기

봉하기 ··· 자체 밀폐되는 주머니 달기

재료

핀셋 1개

집계판 1개 … 반으로 자른 7cm×15cm 크기의 색인카드, 점이 표시된 색인카드

전자칩 300개 … 전자 생산자 또는 전자 생산자와 계약 작업을 하는 작업장에 흠이 있는 칩을 기증해달라는 요청을 한다.

주머니 30개 … 대략 10cm X 15cm 크기의 작고, 자체 밀폐되는 주머니.

진행방법

핀셋을 이용하여 학생은 집계판에 전자칩을 왼쪽에서 오른쪽 순으로 10개의 각 점이 칩으로 일대일 대응이 될 때까지 놓는다. 학생은 그 다음 집계판의 칩을 작고, 봉할 수 있는 비닐 주머니에 쏟아 붓는다.

학생은 칩 모두를 바르게 비닐주머니에 담고, 봉할 때 까지 그 전 과정을 반복한다.

분류작업 (Sorting Tasks)

 **식탁용 수저 분류하기**

선행기술

품목 식별 ⋯ 품목 구분에 따라 분류하는 능력

크기 식별 ⋯ 크기에 따라 숟가락과 젓가락을 구분하는 능력

재료

식탁용 수저 ⋯ 숟가락 50개, 큰 숟가락 50개, 작은 젓가락 50개, 큰 젓가

락 50개, 혹은 포크, 나이프와 스푼도 가능함.

용기 1 개 ⋯ 아직 분류하지 않은 식탁용 수저를 담을 만큼 큰 용기

식탁용 수저 쟁반 1개 ⋯ 쟁반이 없는 경우에는 분류 음식쟁반 또는 독립된 용기를 사용하라.

진행 방법

학생은 분류할 수저가 담긴 용기에서 수저 하나를 꺼내어 쟁반의 적당한 칸에 놓는다.

모든 분류작업에서와 마찬가지로 교사는 잘 못하는 학생을 위해서 수저의 견본품(sample)을 눈에 보이는 힌트로써 적당한 칸에 놓아줄 필요가 있을 것이다. 우수하게 움직이는 학생은 독자적으로 분류구조를 세울 수 있어야 한다.

아직은 분류되지 않은 수저가 담긴 주용기는 왼쪽에서 오른쪽으로 진행시키기 위해서 쟁반의 오른쪽에 놓여져야 한다. 학생은 주용기에서 한 세트 모두를(예: 모든 수저) 골라내지 않도록 설명되어야 한다. 그러나 학생은 계속 분류하도록 고무되어야 한다. 그 방법은 그의 생산 비율을 늘릴 수 있다.

학생은 모든 수저가 쟁반의 적당한 칸에 놓을 때까지 분류하는 것을 계속한다.

 색깔별로 분류 및 패키지하기

선행 기술

색깔 식별 ⋯ 색깔에 따라 분류하는 능력.

신호의 변이성 ⋯ 한 신호(색깔)에 초점을 맞추고 다른 것 (모양)은 문제시하지 않는 능력.

봉하기 ⋯ 자체 밀폐되는 주머니를 닫는 능력.

재료

분류할 물건 12개 … 4가지 각 색깔에 3개의 모양(예: 삼각형, 사각형, 원추형). 다양한 모양과 색깔의 물건이라면 어떤 것도 사용 가능하다. 이 작업의 목적은 학생으로 하여금 전적으로 모양 기준을 문제시하지 않게 하고 오로지 색깔 기준에만 집중케 하려는 것이다(일정치 않은 신호).

용기 4개 … 분류한 품목을 담을 만큼 큰 분류쟁반, 마아가린 용기, 아기 음식병, 플라스틱 칸막이가 있는 작은 연장 상자와 같은 용기

용기1개 … 분류하지 않은 물건 모두를 담을 만큼 큰 용기.

주머니 … 샌드위치 크기의 자체 밀폐되는 주머니.

진행방법

학생은 분류할 물건(4가지 각 색에 3가지 모양)이 담긴 용기에서 물건 하나를 꺼내어 색깔 기준안에 따라 여러 모양의 물건을 분류하면서 그것을 적당한 용기에 담는다.

모든 분류작업에서와 마찬가지로 교사는 잘 못하는 학생을 위해서 눈에 보이는 힌트로써 견본 물건을 적당한 용기에 담아줄 필요가 있을 것이다. 우수하게 움직이는 학생은 구두적인 힌트에서 분류구조를 세울 수 있어야 한다.

분류하지 않은 물건이 담긴 주용기는 왼쪽에서 오른쪽으로 진행시키기 위해서 4개의 용기 왼쪽에 놓여져야 한다. 학생은 주용기에서 한 세트 모두(예: 모든 청색 물건)를 골라내지 않도록 설명되어야 한다. 그러나 계속 분류하도록 고무되어야 한다. 그것이 그의 생산 비율을 높이게 될 것이다.

분류하기를 완성하였을 때, 학생은 분류한 각 세트를 자체 밀폐되는 샌드위치 크기 주머니에 담아 패키지하여야 한다.

 모양별로 분류 및 패키지하기

선행기술

모양식별 … 모양에 따라 분류하는 능력.

신호의 변이성 … 한 신호(모양)에 초점을 맞추고 다른 것(색깔)은 문제시 하지 않는 능력.

봉하기 … 자체 밀폐되는 주머니를 닫는 능력

재료

분류할 물건 12개 … 4가지 각 색(청, 록, 적, 황)에 3가지 모양(삼각형, 사각형, 원추형) 다양한 색과 모양의 물건이라면 어떤 물건이라도 사용 가능하다. 학생이 색깔 기준에서 모양 기준으로 바꾸는 것이 흔히 매우 어렵고 많은 연습을 통해서 그렇게 할 수 있을 것이기 때문에 이 작업은 "색깔별로 분류 및 패키지하기"를 완료한 후 즉시 학생에게 제공되기를 권한다.

용기 3개 … 분류한 품목을 담을 만큼 큰 분류쟁반, 마아가린 용기, 아기 음식병, 플라스틱 칸막이가 있는 작은 연장 상자와 같은 용기.

용기 1개 … 아직 분류하지 않은 모든 품목을 담을 만큼 커다란 용기.

주머니 3개 … 샌드위치 크기의 자체 밀폐되는 주머니

진행방법

학생은 분류하지 않은 물건(4가지 각 색에 3가지 모양)이 담긴 용기에서 물건을 한 개를 꺼내어 다양한 색깔의 모양을 분류하면서 모양 기준에만 따라 적당한 용기에 담는다.

모든 분류작업과 마찬가지로, 교사는 잘 못하는 학생을 위해서 눈에 보이는 힌트로 견본 물건을 적당한 용기에 담아줄 필요가 있을 것이다. 우수하게 움직이는 학생은 구두적인 힌트로 분류구조를 세울 수 있어야 한다.

분류하지 않은 물건이 담기 용기는 왼쪽에서 오른쪽으로 진행시키기 위해서 3개의 용기의 왼쪽에 놓여져야 한다.

학생은 한 세트 모두를(예: 모든 삼각형) 주 용기에서 골라내지 않도록 설

명되어야 한다. 그러나 계속 분류하도록 고무되어야 하는데 그 방법이 학생의 생산율을 높이기 때문이다.

분류하기를 끝마쳤을 때, 학생은 분류된 각 세트를 자체 밀폐되는 샌드위치 크기의 주머니에 담고 각 주머니를 봉하여야 한다.

 ## 색깔 및 모양별로 분류하고 패키지하기

선행기술

색깔 식별 ⋯ 색깔에 따라 분류하는 능력.

모양 식별 ⋯ 모양에 따라 분류하는 능력.

봉하기 ⋯ 자체 밀폐되는 주머니를 봉하는 능력.

재료

분류할 물건 8개 ⋯ 상이한 5가지 각 물건(원, 네모, 페그와 구슬)에 2가지 색. 어떤 색깔과 모양이라도 괜찮을 것이며 사용되는 세트의 양은 학생의 능력 수준에 따라 증감될 수 있다.

8개의 칸이 있는 분류쟁반 1개 ⋯ 또는 분류할 품목을 담을 만큼 큰 아기 음식병, 마아가린 용기, 또는 플라스틱 칸막이가 있는 작은 낚시도구 상자와 같은 것.

주머니 8개 ⋯ 샌드위치 크기의 자체 밀폐되는 주머니

용기 1개 ⋯ 분류하지 않은 물건을 담을 만큼 큰 용기.

진행방법

학생은 분류하지 않은 물건(상이한 4가지 각 모양에 2가지 색깔)이 담긴 용기에서 물건 한 개를 집어 색깔 및 모양에 따라 분류하면서 분류쟁반의 적당한 칸에 놓는다.

모든 분류작업과 마찬가지로 교사는 잘 못하는 학생을 위해서, 눈에 보이는 힌트로써 견본 물건을 적당한 용기에 담아줄 필요가 있을 것이다. 우수하게 움직이는 학생은 구두적인 힌트로서 분류구조를 세울 수 있어야 한다.

용기는 왼쪽에서 오른쪽으로 진행시키기 위해서 분류쟁반의 왼쪽에 놓여져야 한다. 학생은 한 세트 모두(예: 모든 적색의 네모 모양)를 주용기에서 골라내지 않도록 설득되어야 한다. 그러나 계속 분류하도록 고무되어야 하는데 그 방법이 학생의 생산율을 높이게 될 것이다.

분류하기를 모두 끝냈을 때, 학생은 분류한 각 세트를 샌드위치 크기의 자체 밀폐되는 주머니에 담고 그 각 주머니를 봉하여야 한다.

 ## 도안별로 견본 벽지를 분류하기

선행기술

도안 맞추기 … 도안에 따라 맞추는 능력.

신호의 변이성 … 한 신호(도안)에 초점을 맞추고 다른 것(색깔)은 문제시 하지 않는 능력.

재료

벽지 책 1권 … 벽지를 취급하는 대부분의 주택개선 센터와 철물상점은 도안 사용이 중단된 책을 기증할 것이다.

견본 30장 … 사각형 벽지를 그것에 맞추게 될 사각형 벽지와 구별하기 위해서10㎝× 15㎝ 크기의 색인 카드에 스테이플을 찍어 고정시켜라.

진행방법

학생은 견본 벽지를 모두 커다란 표면위에 놓는다. 그 다음 견본으로써 동일한 책 (그러나 견본과는 다른 색깔)에서 잘라 낸 뒤섞인 사각형 더미에서 맨 위의 사각형 벽지를 집는다.

학생은 그 다음 해당하는 견본 도안의 맨 위에 그 사각형을 놓으면서(도안은 동일하고 색깔은 상이한) 도안별로 벽지를 맞춘다. 시행되는 기준은 도안이며 색깔은 문제시되지 않는다.

학생은 사각형 벽지 모두를 적당한 더미에 놓을 때까지 맞추기 과정을 계속한다.

색조별로 견본벽지 분류하기

선행 기술

색조 맞추기 … 몇몇 색조는 상세히 공부하지 않으면 혼동될 수 있기 때문에 단순히 "색깔"이라기 보다는 훨씬 더 정교한 특성에 의하여 맞추는 능력.

신호의 변이성 … 한 신호(색조)에 초점을 맞추고 다른 것(도안)은 문제시하지 않는 능력.

눈―손의 협응 조정 … 봉투에 사각형 벽지를 넣기

재료

벽지 책 1권 ⋯ 벽지를 취급하는 대부분의 주택개선 센터나 철물상점은 도안 사용이 중단된 책을 기증할 것이다. 대부분의 벽지 책은 책 전체를 통해서 상당히 일관된 서너 개의 상이한 색조로 일정한 패턴을 반복하기 때문에 책 한권이면 필요한 색조를 마련하는 데 충분할 것이다.

도서관 북 포켓트 봉투 7매 ⋯ 사서에게 봉투 기증을 요청하거나 문구점에서 입수 가능한지를 점검하라. 또는 보통의 작은 봉투를 사용하여라.

진행방법

탁자 위에 학생은 상이한 색조의 견본 벽지가 붙은 7매의 봉투를 놓는다. 학생은 그 다음 뒤섞인 사각형 벽지 더미에서 맨 위의 벽지를 집어 해당하는 색조의 견본 맨 위에 그것을 놓는다.(도안은 다를 것이다. 학생은 색조 기준에만 맞출 것이다.) 학생은 이런 식으로 사각형 벽지를 모두 분류할 때까지 맞추기를 계속한다. 분류한 후, 학생은 해당하는 색조의 봉투에 사각형벽지 더미를 넣는다.

PART 3

조립 및 패키지 작업
(Assembling & Packaging Tasks)

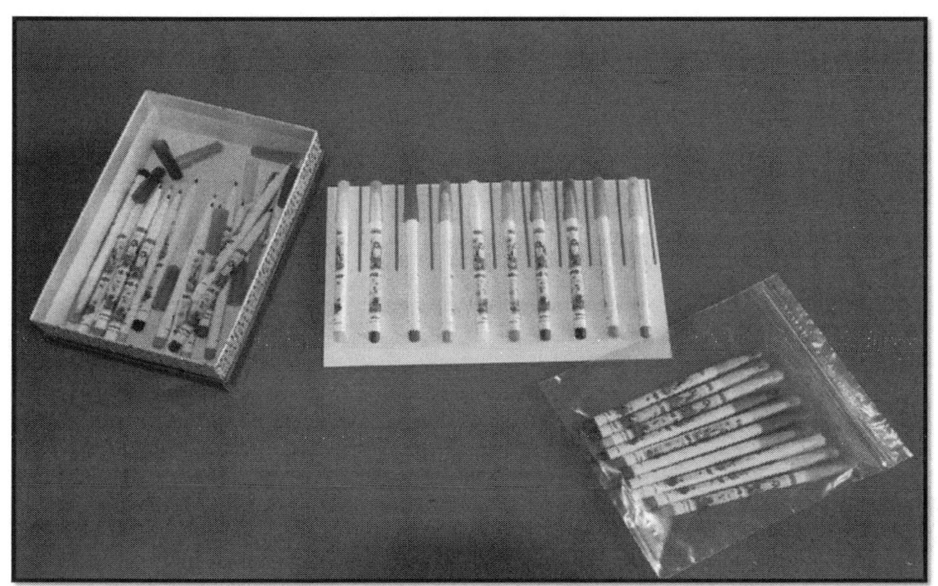

 **사인펜 조립 및 패키지하기**

선행 기술

조립하기 및 눈—손의 협응조정 … 완전한 품목을 만들기 위해서 사인
펜 뚜껑과 몸체를 조립하기

왼쪽에서 오른쪽으로 진행 … 품목을 집계판에 임의로 보다는 바른 순인
왼쪽 에서 오른쪽으로 놓기(이것은 "생산 주기"라 불리운다).

하나에 하나 대응하기 … 각 색선 사이에 조립한 사인펜 놓기

봉하기 … 자체 밀폐되는 주머니 닫기

재료

다 쓴 사인펜 200개 … 학생들이나 교사들이 쓰고 남은 사인펜을 사용할 수도 있고, 인근 공장에서 불량으로 폐기처분하는 사인펜을 기증 받을 수도 있다.

집계판 1개 … 판에는 12개의 線이 그려져 있어야 한다.

주용기 1개 … 조립할 커버를 담을 용기

주머니 20개 … 샌드위치 크기의 자체 밀폐되는 주머니.

진행방법

주용기에서 학생은 윗부분과 밑부분을 꺼내어 마음대로 처분할 수 있는 사인펜을 조립한다.

학생은 사인펜을 모든 12개의 선이 채워질 때까지 왼쪽에서 오른쪽 순으로 집계판에 놓는다.

집계판이 가득 찼을 때, 학생은 커버 모두를 휩쓰는 동작으로 한 손으로 그러모아 그것을 자체 밀폐되는 주머니에 담는다. 학생은 그 다음 그 주머니를 봉하고 그것을 "완료"더미에 놓는다.

학생은 모든 사인펜을 조립하고 주머니에 담고, 봉할 때까지 전 과정을 반복한다.

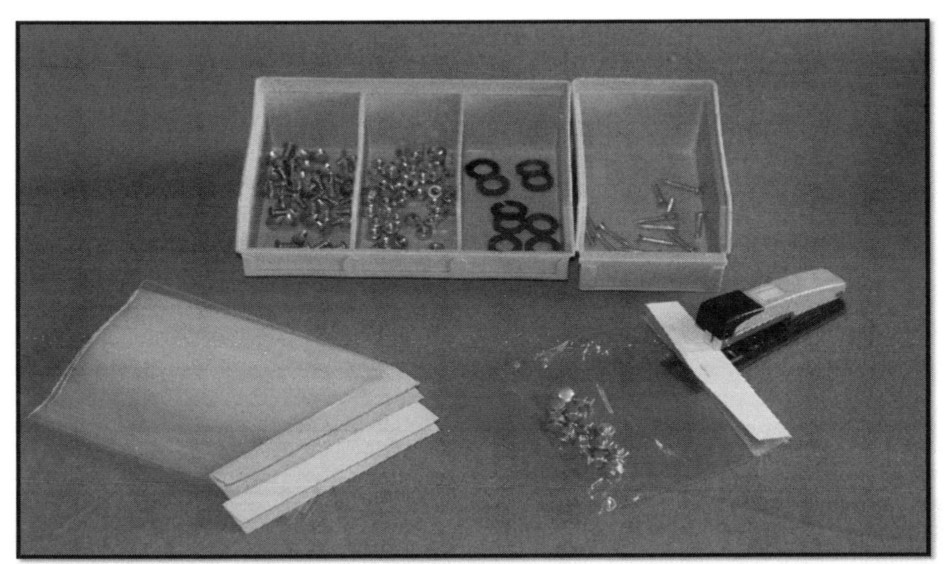

 너트와 볼트 분류, 조립 및 패키지하기

선행 기술

품목 식별 ⋯ 상이한 5가지 품목을 분류하기

크기 식별 ⋯ 3개의 상이한 길이의 볼트를 분류하기.

조립하기 ⋯ 너트 앞에 워셔를 끼우는 것을 기억하기와 3개의 상이한 길이의 볼트를 조립하는 것을 기억하기

손목의 유연성 ⋯ 너트를 돌리기

접기 ⋯ 라벨과 주머니의 끝을 접기

스테이플 찍기 … 주머니에 라벨을 붙이기

재료

볼트 … 0.6㎝ × 2.5㎝, 0.6㎝ × 3.3㎝, 0.6㎝ × 5㎝ 크기의 볼트 각 20 개씩.

워셔 … 0.6㎝ 크기의 워셔 60개

너트 … 0.6㎝크기의 너트 60개

저장통 5개 … 분류 저장통, 플라스틱 보올, 상자 또는 분류쟁반

주머니 20개 … 길이가 대략 0.6㎝ 이고 너비가 15㎝인 플라스틱 주머니. 자체 밀폐되는 주머니일 필요는 없다 (보석상에 연락하여 그들에게 주머니 를 공급해 주는 사람의 이름을 알아내거나, 또는 유아용 병케이스를 사용 할 수도 있다.)

라벨 : 세로를 반으로 접을 대략 5㎝ × 10㎝ 크기의 종이

스테이플러 1개

진행 방법

학생은 4~5개의 독립된 저장통에 워셔, 너트 그리고 길이가 상이한 볼트 3개를 분류하여 담는다.

학생은 워셔와 너트로 짧은 볼트 한 개를 조립한다. 그리고 그 다음 동일한

방법으로 중간 크기의 볼트와 긴 볼트를 조립한다.

학생은 상이한 길이의 3가지 조립품을 모두 한 개의 주머니에 담는다. 학생은 그 다음 세로로 라벨을 반으로 접고, 주머니의 끝을 접고, 주머니의 끝 위에 라벨을 놓고, 적소에 그것을 한 개의 스테이플 심을 가지고 찍어 고정시킨다. 학생은 그 주머니를 "완료"더미에 놓는다. 그리고 그 조립과정을 되풀이 한다.

 크기별 옷핀 분류 및 패키지하기

선행 기술

핀서 움켜잡기 ··· 각기 다른 옷핀을 떨어뜨리지 않고 집는 능력

크기 식별 ··· 크기별로 분류하는 능력

쏟아 붇기 ··· 페이퍼 클립을 주머니에 쏟아 붓는 능력

봉하기 ··· 자체 밀폐되는 주머니를 닫는 능력

재료

페이퍼 클립 … 소, 중, 대의 옷핀 각 한 상자씩.

용기 3개 … 마아가린 용기 또는 소형상자.

용기 1개 … 분류하지 않은 옷핀을 담을 만큼 큰 용기.

주머니 3개 … 샌드위치 크기의 자체 밀폐되는 주머니.

진행 방법

왼쪽에서 오른쪽으로 진행시키기 위해서 주용기는 학생이 옷핀을 분류하여 담을 3개의 용기 왼쪽에 놓여져야 한다.

학생은 주용기에서 옷핀을 한줌 집어 그것을 크기별로 분류하여 3개의 용기에 담는다. 소 옷핀은 왼쪽에 있는 용기에, 중 옷핀은 가운데의 용기에, 대 옷핀은 오른쪽의 용기에 담아야 한다. 이것은 학생이 크기 기준에 따라 분류하는 경우는 별로 없지만 비경쟁 작업실 환경에서 흔히 있을 수 있는 훌륭한 작업이다.

모든 분류작업과 마찬가지로, 교사는 잘 못하는 학생을 위해서, 눈에 보이는 힌트로써 견본 물체를 적당한 용기에 담아 줄 필요가 있을 것이다. 우수하게 움직이는 학생은 구두적인 힌트로서 분류구조를 세울 수 있어야 한다.

학생은 주용기에서 한 세트 모두(예: 모든 소 옷핀)를 골라내지 않도록 설명되어야 하지만 그러나 계속 분류하도록 고무되어야 하는데 이방법이 학생의 생산율을 높이게 될 것이기 때문이다.

옷핀 모두를 분류하였을 때, 학생은 한 용기에 담긴 옷핀을 주머니에 쏟아붓고, 그 주머니를 봉한다. 나머지 두 용기에 대해서도 동일한 진행 과정을 밟아야 한다.

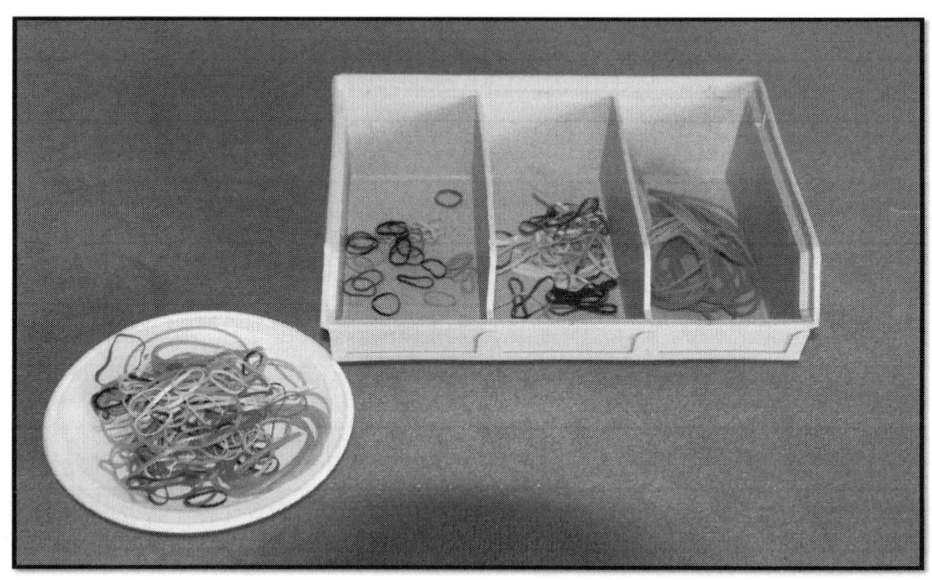

 **크기별 고무밴드 분류 및 패키지하기**

선행 기술

핀서 움켜잡기 … 개개의 고무밴드를 떨어뜨리지 않고 집는 능력

크기 식별 … 크기에 따라 분류하는 능력

쏟아 붇기 … 고무밴드를 주머니에 쏟아 붇는 능력

봉하기 … 자체 밀폐되는 주머니를 닫는 능력

재료

고무밴드 ⋯ 소, 중, 대의 고무밴드 각 50개씩이 필요하다. 각자지를 갖춘 고무밴드가 담긴 한 개의 커다란 상자에는 대개 다양한 크기의 고무밴드가 들어있다.

용기 3개 ⋯ 마아가린 용기, 소형 상자, 또는 뱅커 상자("색칠을 분류, 순서대로 맞추기 및 조립하기") 작업에 있는 재료를 참조하라.

주용기 1개 ⋯ 분류하지 않은 고무밴드를 담을 용기

주머니 3개 ⋯ 샌드위치 크기의 자체 밀폐되는 주머니.

진행 방법

왼쪽에서 오른쪽으로 진행시키기 위해서 주용기는 학생이 고무밴드를 분류하여 담게 된 3개의 용기 왼쪽에 놓여져야 한다.

학생은 주용기에서 고무밴드 한줌을 집어 그것을 크기별로 분류하여 3개의 용기에 담는다. 각 용기에는 소, 중, 또는 대 고무밴드가 붙어있다. 소 고무밴드는 왼쪽의 용기에, 중 고무밴드는 가운데의 용기에, 대 고무밴드는 오른쪽의 용기에 담아야 한다. 이것은 학생이 크기 기준에 따라 분류하는 경우는 별로 없지만 비경쟁 작업실에서 흔히 있을 수 있는 훌륭한 작업이다.

학생은 주용기에서 한 세트 모두(예: 모든 소 고무밴드)를 골라 내지 않도록 설명되어야 하지만, 그러나 계속 분류하도록 고무되어야 하는데 그 방법은 생산율을 높이게 된다.

고무밴드 모두를 분류하였을 때, 학생은 한 용기에 담긴 고무밴드를 주머

니에 쏟아 붇고, 그 주머니를 봉한다. 나머지 두 용기에 대해서도 동일한 절차를 밟아야 한다. 변형: 모든 고무밴드를 분류하였으면 학생으로 하여금 3개의 각 용기에서 고무밴드 하나씩 꺼내게 하고, 그것을 자체 밀폐되는 주머니에 담아 패키지하게 하라. 학생은 고무밴드 세트를 모두 패키지할 때까지 똑같은 수의 소, 중, 대의 고무밴드가 있다는 것을 추정하면서 고무밴드 세트를 패키지 하는 것을 계속하여야 한다.

⑤ 색 칩 분류, 순서대로 맞추기 및 조립하기

선행 기술

색깔 식별 … 색깔별로 분류하는 능력.

눈―손의 협응 조정 … 커튼 고리에 색칩(각 칩에는 구멍이 있다)을 끼우기.

전후 관련 따르기(Sequence) … 순서의 구성 부분의 위치를 알아내고, 그것을 맞추고 그리고 그 다음 차례차례로 새 위치를 다시 정하는 능력.

재료

색칩 1500장 … 각 칩에는 구멍이 찍혀 있는 15가지 상이한 색깔의 각 마분지에는 잘라낸 약 3.8㎝ 크기의 사각형 각 100장씩 마분지에 코팅을 씌우는 것이 칩의 수명을 보존하는데 도움이 될 것이다.

직사각형 상자 5개 … "뱅커의 상자"(대부분의 문구 공급 회사에서 입수 가능한)는 그것을 통일성을 주고, 비경쟁 작업실에서 종종 사용되기 때문에 상당히 좋은 효과가 있다. 각 상자 앞에 색칩을 스테이플로 찍어 고정시켜라.

견본 연속 … 두꺼운 마분지나 발사나무의 작은 조각에 연속의 색칩 견본을 스테이플로 찍어 고정시켜라.

커튼 고리 100개 … "뱅커의 상자"에 담긴 커튼 고리. 커튼 고리는 문구점 또는 철물상점에서 찾아낼 수 있다.

주용기 1개 … 마분지 상자 또는 어떤 형태의 용기라도 사용 가능하다. 이 용기는 분류하지 않은 칩을 담는데 사용해도 좋고, 그리고 칩이 분류되었다면 그것은 "완료"상자로 사용되어도 좋다.

진행 방법

학생은 주용기에서 색칩 한줌을 꺼내어 해당하는 상자에 분류하여 담는다 (각 상자는 각기 상이한 색의 칩으로 라벨을 붙인다).

학생은 주용기에서 한 세트 모두(예: 모든 청색칩)를 꺼내지 않도록 설명되어야 하지만 그러나 계속 분류하도록 고무되어야 하는데 그 방법은 생산율을 높일 수 있기 때문이다.

분류하기를 끝마쳤을 때, 학생은 커튼 고리를 집어, 그것을 열고 그리고 견본 순서를 따라 칩을 고리에 꿴다. 순서가 완결 되었을 때, 학생은 커튼 고리를 담아 그것을 "완료"상자에 담는다. 그리고 커튼 고리 모두를 사용할 때까지 그 조립 과정을 반복한다.

견본 순서를 따르는 데 어려움이 있는 학생은 견본 순서의 각 해당하는 칩에 잎 한 장을 놓아도 좋다. 그 다음 왼쪽에서 오른쪽 순으로 각 칩을 집어 그것을 커튼 고리에 끼운다.

준수해야 할 규칙

1. 작업에는 가능한 효과적이고 실질적인 재료를 사용하여라.

2. 항상 학생으로 하여금 어떤 분류 작업이라도 패키지하게 하라. 그것은 생산 주기를 연장할 뿐만 아니라 실질적인 "완성"제품을 공급한다.

3. 작업을 완성하는 가장 효능적 방법을 학생에게 보여 주면서 작업을 시범 교수하여라(작업에 자신의 시간을 정할 때 가장 효과적인 방법을 결정하게 될 것이다).

4. 물자를 얻기 위해 사업체와 생산업자와 접촉할 때는, 항상 그들이 기부할 재료를 요청하여라. 만약 성공하지 못하면 재료를 구입하기 전에 다른 방법을 시도해 보라.

5. 본서에 기술된 각 작업에서, 제시된 재료들은 어떤 변형물로도 수용 가능하다.

재 순환하기 (Recycling)

종이를 필요로 하는 몇 작업은 다른 작업에서 사용한 것을 반복 사용할 수 있다.

1. 종이에 3개의 구멍 찍기…다음으로

2. 구멍 둘레에 집착 보강제 붙이기…다음으로

3. 종이를 ⅓로 접고 봉투에 넣기…또는

4. 종이를 ⅓로 접어, 스테이플을 찍고 인지 붙이기…3과 4 는 그 다음 접은 금을 따라 조각으로 자른다. 그래서 조각이 놓이게 된다.

5. 종이 접기와 스테이플 찍기…다음으로

6. 스테이플심 제거하기.

PART 4

종이 작업 (Paper Tasks)

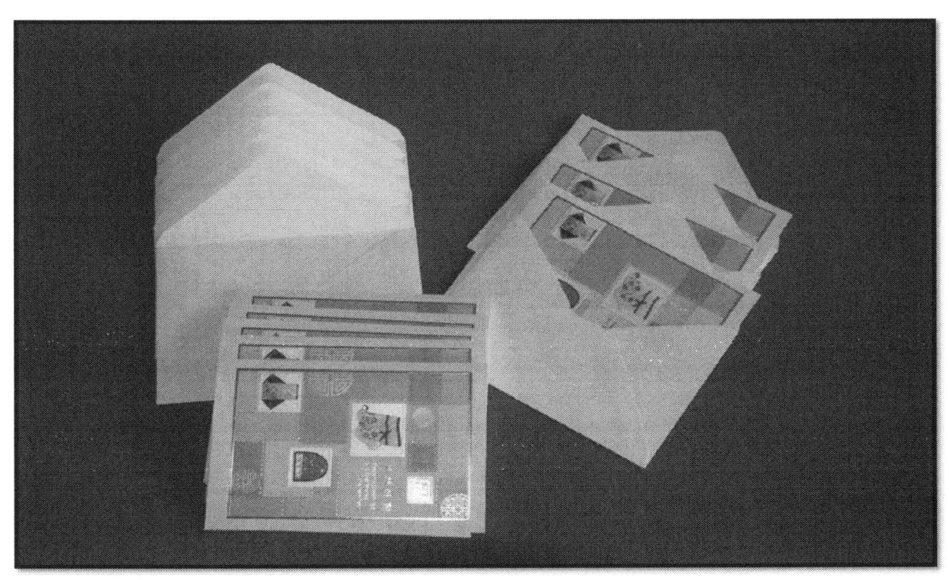

 **봉투에 채워 넣기**

선행 기술

하나에 하나 대응하기 … 각 봉투안에 카드 한 장을 넣기

눈—손의 협응 조정 … 봉투에 카드 넣기

재료

색인 카드와 봉투 각 200매씩 … 10㎝ × 15㎝ 크기의 카드 (또는 어떤

크기라도 사용 가능하다)와 그에 맞는 봉투, 인쇄소에 연락하여 인쇄 잘못
으로 가지고 있을지도 모르는 여분의 문구를 달라고 부탁하라. 또는 새 주
소로 이사가는 혹은 쓰지 않는 문구를 가지고 있는 업체에 연락하라.

상자 1개 … 구두 상자는 카드와 봉투를 담는 이상적인 크기이다.

진행 방법

학생은 왼손으로는 봉투를, 오른손으로는 카드를 집어 그 카드를 봉투에
넣는다. 그리고 그것을 "완료"더미에 놓는다.

학생은 모든 카드를 봉투에 집어넣을 때까지 그 과정을 반복한다.

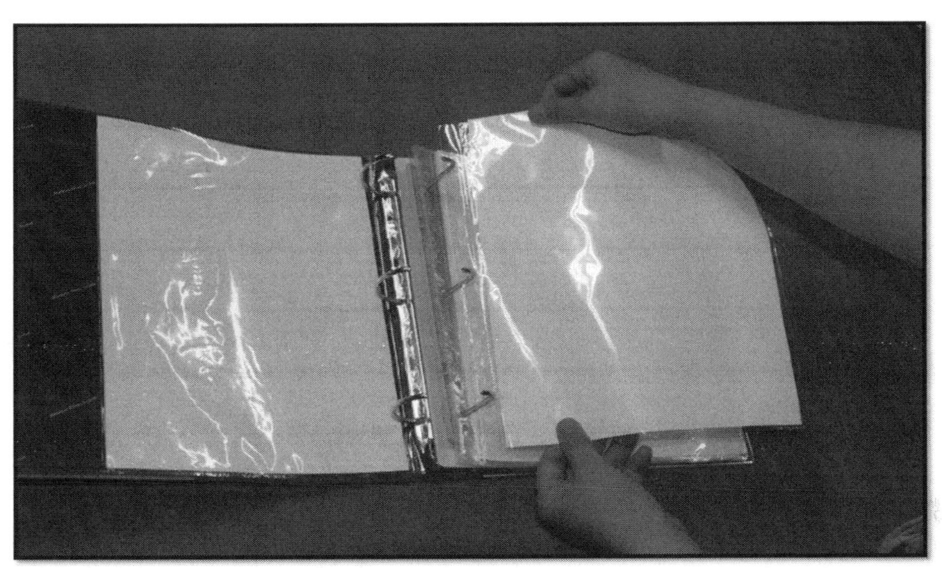

 **3개의 고리 공책에 3개의 구멍 종이 끼우기**

선행 기술

뛰어난 운동신경의 협응 조정 … 한 번에 종이 한 장을 집기

눈—손의 협응 조정 … 공책의 각 고리를 종이의 해당 구멍에 끼우기

하나에 하나 대응하기 … 하나의 고리는 종이의 각 구멍을 통해 끼워진다.

재료

구멍 3개가 찍힌 종이 100장

고리 3개가 달린 공책 1권

진행 방법

왼쪽에서 오른쪽으로 진행시키기 위해서 종이 더미를 공책의 왼쪽에 놓아라. 공책은 고리가 열린 채 학생 앞에 똑바로 놓여 있어야 한다.

학생은 종이 한 장을 집어 종이의 해당 구멍에 각 고리를 끼움으로써 그것을 공책에 삽입한다. 학생은 이런 방법으로 종이 모두를 공책에 끼워 넣을 때까지 계속한다.

고리를 구멍의 위에서 아래 순으로 끼워 넣도록 학생을 고무하여라.

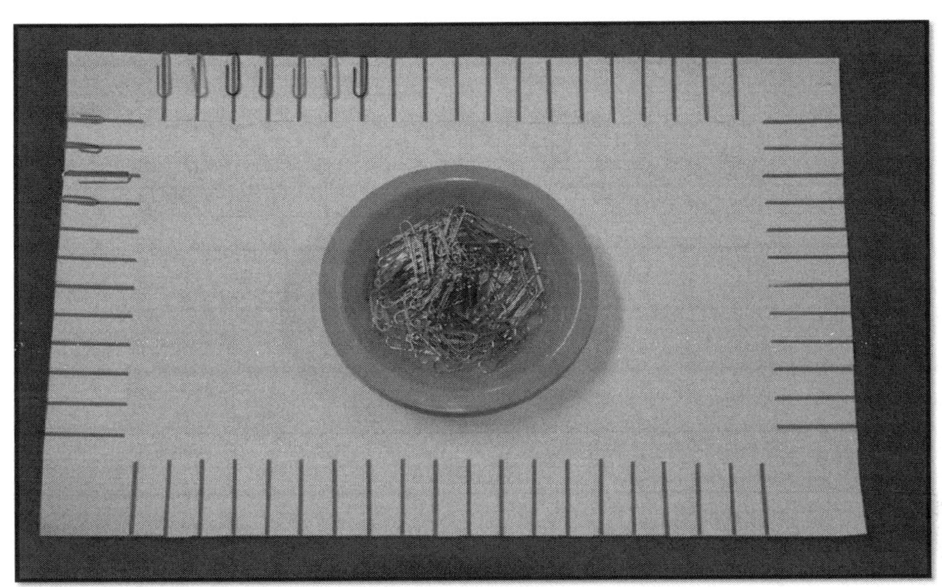

 ## 선위에 페이퍼클립 끼우기

선행 기술

눈—손의 협응 조정 ⋯ 각 선위에 페이퍼클립을 끼우는 능력.

뛰어난 운동신경의 협응 조정 ⋯ 종이 위에 페이퍼클립을 정확히 끼우는 능력.

재료

종이 1장 ⋯ 가장자리에서 중심쪽으로 2.5㎝ 크기의 선이 그려진 20㎝ ×

30㎝크기의 종이. 선은 굵게 그리고 대략 1.5㎝ 간격으로 그려져야 한다. 얇은 코팅을 씌우는 것이 종이의 수명을 보전하는 데 도움이 될 것이다.

페이퍼클립 1상자 … 중 크기.

진행 방법

학생은 상자에서 페이퍼클립 한 개를 집어 그것을 선상에 똑바로 종이에 끼운다. 학생은 모든 선을 페이퍼클립으로 끼울 때까지 그 과정을 반복한다. 능력이 우수한 학생의 경우에는 점차적으로 선을 그리지 않고 간격을 일정하게 할 수 있게 수정할 수도 있다. 또한 여러 색상의 클립을 순서적으로 끼우는 활동도 이들의 훈련을 강화할 수 있는 방법이 되겠다.

능력이 떨어지는 학생의 경우에는 더 단순화하고 강화제를 사용하여 훈련을 흥미롭게 해줄 필요가 있다. 혹은 학생들이 좋아하는 그림을 가져와 훈련에 활용할 수도 있다.

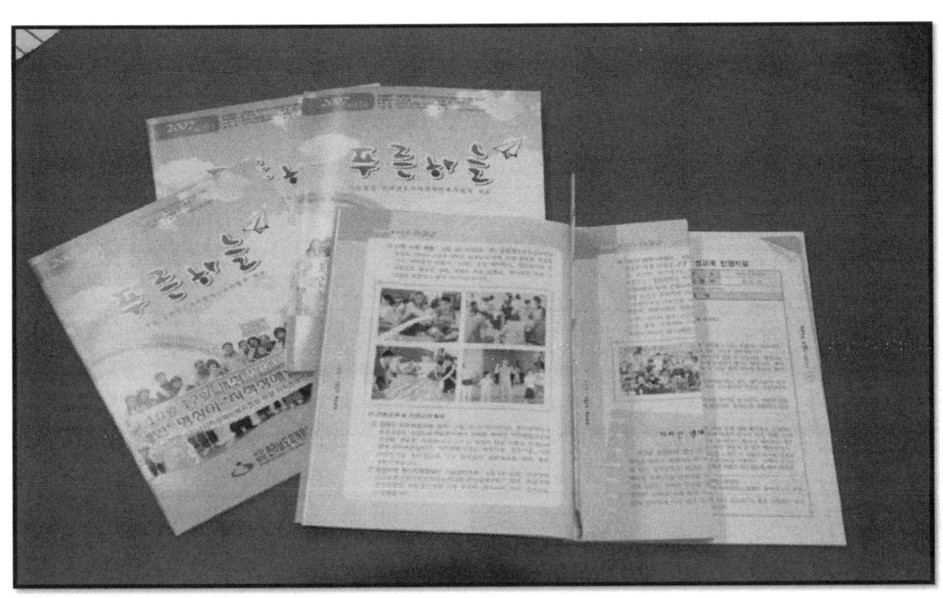

 종이를 반으로 접기

선행 기술

눈―손의 협응 조정 … 위와 아래 가장자리를 맞추기. 그리고 잡지의 안쪽 제본을 향하여 바깥쪽 가장자리를 접합하기.

접기 : 접은 종이에 뚜렷한 금 내기.

재료

여러 종류의 잡지 (학생들이 선호하는 잡지도 가능)

진행 방법

학생에게 잡지 한권을 주고, 세로로 한 페이지를 반으로 어떻게 접는지를 종이의 바깥쪽 모서리를 잡고, 그것을 잡지의 안쪽 제본을 향하여 가져다가 그 다음 접은 자리에 뚜렷한 금을 내기 위해서 손을 사용함으로써 시범 설명하라. 제본은 학생이 종이를 고르게 반으로 접는 것을 돕는 훌륭한 눈에 보이는 그리고 감촉할 수 있는 계기를 마련한다.

실물 설명을 따르며, 학생은 잡지의 각 페이지를 접는다. 뒤 따르는 작업은 학생이 독자적으로 종이를 반으로 접는 연습을 하게 하는 것이 될 것이다.

 종이를 접어 스테이플을 찍기

선행 기술

뛰어난 운동신경의 협응 조정 … 종이 한 장을 한 번에 접고, 그리고 접기 전에 종이의 모서리를 맞추기.

접기 … 종이 조각을 반으로 접기

스테이플을 찍기 … 스테이플을 바른 위치에 놓고 스테이플을 찍을 충분한 힘으로 내리 누르기.

재료

종이 조각 300장 ⋯ 20㎝ × 30㎝ 크기의 종이 100장을 사용하여 각 종이를 ⅓(약 20㎝ × 10 ㎝ 크기)로 잘라라. 또는 "종이를 ⅓로 접어 봉투에 넣기" 작업에서 ⅓로 접은 종이를 접은 금을 따라 이용하여라.

스테이플러 1개.

상자 1개 ⋯ "완료"품목을 담을 어떤 종류의 상자라도 사용가능하다.

진행 방법

왼쪽에서 오른쪽으로 진행시키기 위해서 종이 더미는 학생의 왼쪽에, 스테이플러는 가운데에, 그리고 "완료"상자는 학생의 오른쪽에 놓여 져야 한다.

학생은 더미에서 종이 한 조각을 꺼내어 반으로 접고 (가능한 한 면밀하게 모서리를 맞추기), 접은 자리에 금을 내어, 모서리를 함께 스테이플을 찍어 그것을 "완료"상자에 담는다.

학생은 종이 모두를 바르게 접어, 스테이플을 찍고 그리고 그것은 "완료"상자에 담을 때까지 그 과정을 계속한다.

 스테이플 제거하기

선행 기술

스테이플 제거기 사용하기 … (눈—손과 뛰어난 운동신경의 협응 조정)
제거 과정에서 종이가 찢기지 않도록 스테이플 제거기를 바르게 사용하는
능력.

재료

접어 스테이플을 찍은 종이 300장 … "종이를 접어 스테이플 찍기" 작

업에서 사용한 종이를 다시 이용하라.

스테이플 제거기. 1개.

상자 2개 ··· 스테이플이 찍힌 종이를 담는 상자와 "완료"종이를 담는 상자.

진행방법

왼쪽에서 오른쪽으로 진행시키기 위해서 스테이플이 찍힌 종이가 들어있는 상자는 학생의 왼쪽에 놓여져야 하며 "완료"상자는 학생의 오른쪽에 놓여져야 한다.

학생은 상자에서 접어 스테이플을 찍은 종이 한 장을 꺼내어 스테이플 제거기로 스테이플을 제거하고, 그 종이를 편다. 그리고 그것을 "완료"상자에 놓는다.

학생은 접힌 종이에서 스테이플 모두를 제거할 때까지 그 과정을 계속한다.

 **구멍 둘레에 접착 보강재 붙이기**

선행 기술

뛰어난 운동신경의 종합 조정 ··· 종이 한 장과 접착 보강재 한 개 집기.

시각 식별 ··· 보강재의 접착면 판단하기.

눈—손의 협응조정 ··· 종이의 구멍 둘레에 접착 보강재 붙이기.

하나에 하나 대응하기 ··· 구멍 하나에 보강재 하나.

재료

종이 100장 … "종이에 구멍 3개를 찍기" 작업에서 사용한 종이를 다시 이용하라.

접착 보강재 1상자 … 보강재 300개

상자 1개 … "완료"품목을 담을 어떤 종류의 상자라도 사용 가능하다.

진행 절차

왼쪽에서 오른쪽으로 진행시키기 위해서 종이 더미는 학생의 왼쪽에, 보강재는 중간에, "완료"품목을 담을 상자는 학생의 오른쪽에 놓아라.

학생은 종이 더미에서 종이 한 장을 집어 학생 앞의 탁자 위에 놓는다. 학생은 그 다음 상자에서 접착 보강재 한 개를 집어 접착면을 판단하여 그것을 침을 묻혀 종이의 맨 위 구멍 둘레에 붙인다. 학생은 보강재를 각 구멍 둘레에 붙일 때까지 그 과정을 반복한다(학생은 종이의 위에서 아래 순으로 보강재를 붙이도록 고무되어야 한다).

종이를 완성했을 때, 학생은 그 종이를 "완료" 상자에 담고, 모든 종이의 구멍 둘레에 접착 보강재를 붙일 때까지 계속하면서 다시 그 과정을 시작한다.

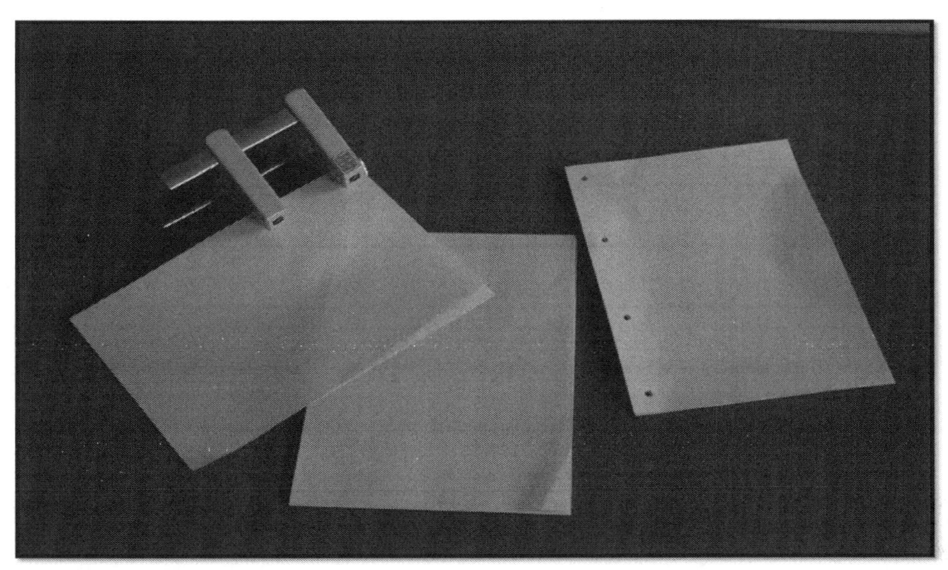

 **종이에 4개의 구멍 타인하기**

선행 기술

뛰어난 운동신경의 협응조정 … 종이 한 장을 집이 그 종이를 타인기 구멍에 알맞게 배치하기

품질 관리 … 종이가 정확히 타인됐는지 아닌지를 판단하고 그 완료품을 완료 더미에 놓기

재료

종이 100장 ⋯ 20㎝ × 30㎝ 크기의 어떤 스크랩 종이라도 좋다. 만약 종이가 사용되었던 것이라면 그것을 가볍게 털어 다음 학생으로 하여금 구멍을 타인케 해도 좋다.

2 구멍 타인기 1개.

상자 1개 ⋯ 타인된 종이를 담은 상자

진행 방법

오른손잡이 학생을 위해서, 타인기는 학생이 종이를 오른손으로 타인기에 넣을 수 있도록 종이의 왼쪽에 놓여 져야 한다. 왼손잡이 학생을 위해서 타인기를 종이의 오른쪽에 놓아라.

학생은 종이 한 장을 집어 2구멍 타인기에 넣는다. 그리고 타인기와 용지 사이즈를 확인한 후 2구멍 타인기를 한 번 더 타인한다. 학생은 종이에 구멍이 완전히 뚫릴 때까지 타인기의 뒷면에 압력을 가한다(또는 타인기 형태에 따라 레버를 내리 누른다). 학생은 그 다음 가한 압력을 풀어 타인기에서 그 종이를 빼내고 종이가 바르게 타인되었을 때 "완료"더미에 놓는다. 만약 종이가 고르지 않게 타인되었을 경우에는 학생은 그 종이를 "불합격"더미에 놓는다.

학생은 종이 모두를 타인할 때까지 그 과정을 계속한다.

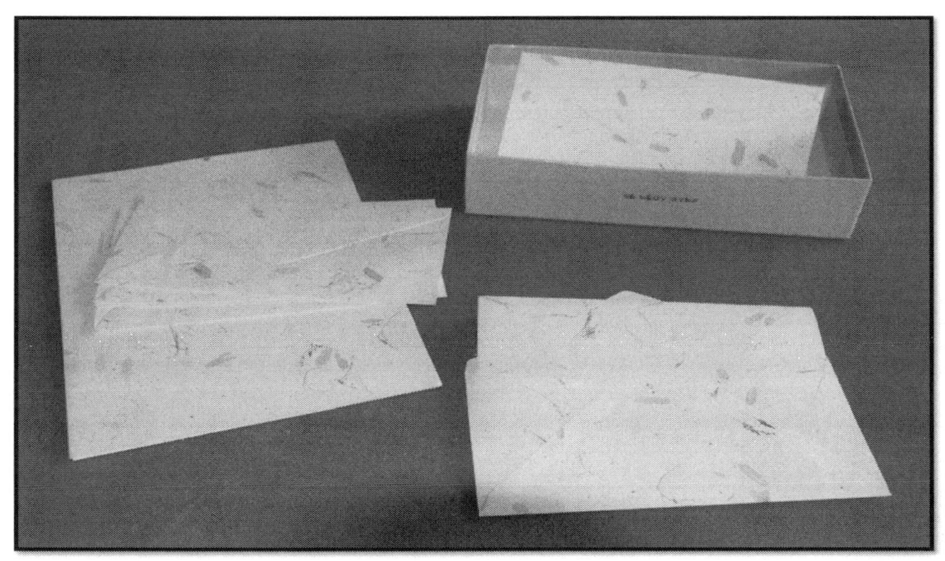

종이를 1/3로 접어봉투에 넣기

선행 기술

뛰어난 운동신경의 협응조정 … 종이 한 장을 한 번에 집기

$\frac{1}{3}$로 접기 … 종이의 모서리를 맞추고(눈—손의 협응 조정). 종이를 접을 적당한 곳을 상상하는 능력.

눈—손의 협응 조정 … 접을 종이의 모서리를 맞추기와 그 접은 종이를 봉투에 넣기.

재료

편지지 100장 … 20㎝ × 30㎝ 크기의 되도록 인쇄된 종이

봉투 100장 … 업무용 크기(#10)의 봉투 사업체에 못쓰게 된 문구를 달라고 부탁하라. 또는 문구점에서 값싼 보통 봉투를 구입하라.

상자 1개 … "완료"봉투를 담을 아무 형태의 상자

진행 방법

왼쪽에서 오른쪽으로 진행시키면서, 종이 더미는 학생의 왼쪽에 봉투는 가운데에, 그리고 "완료"상자는 학생의 오른쪽에 놓아라.

학생은 종이 한 장을 집어 그것을 ⅓로 접어 봉투에 넣는다. 그리고 그 봉투를 "완료"상자에 담는다.

잘못하는 학생을 위해서, 교사는 접는 선을 가리키는 표지를 종이위에 만들어도 좋다. 우수하게 움직이는 학생에게는 인쇄된 종이를 사용하는 것이 도움이 된다. 학생이 접는 선의 지침으로써 사용할 단어 하나를 지적 하여라.

학생은 모든 종이를 접어 봉투에 넣어 "완료"상자에 담을 때까지 그 과정을 계속한다.

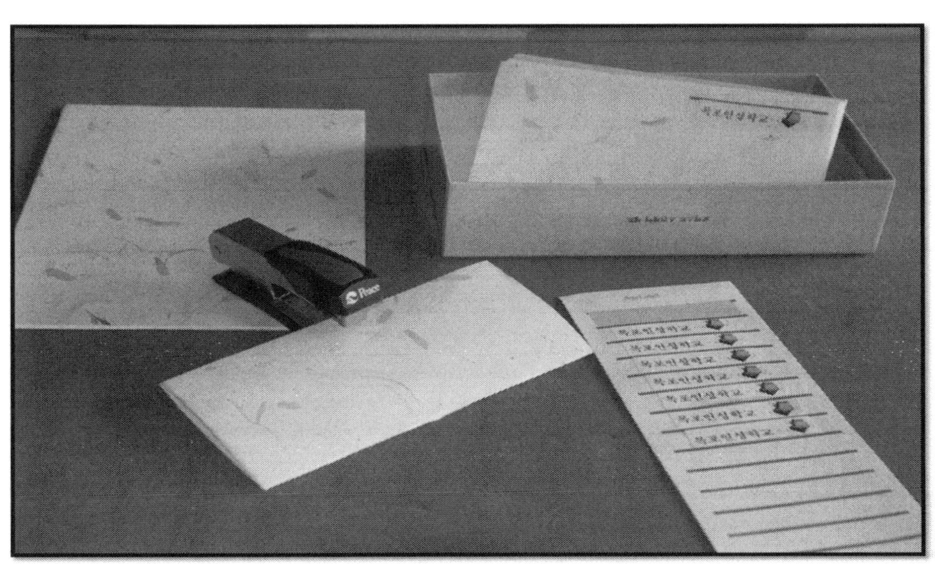

종이를 1/3로 접고, 스테이플 찍고, 인지 붙이기

선행기술

뛰어난 운동신경의 협응 조정 … 한 번에 종이 한 장 집기

1/3로 접기 … 종이의 모서리를 맞추고(눈–손의 협응조정) 종이를 접을 적당한 곳을 상상하는 능력

스테이플 찍기 … 스테이플을 바른 위치에 놓기와 스테이플 찍기에 충분한 힘으로 내리 누르기

인지 붙이기 … 눈금을 접고 찢기. 바른 면에 침을 묻히기. 그리고 정확한

위치에 붙이기

재료

편지지 100장 ⋯ 25㎝ × 30㎝ 크기의 되도록 인쇄된 종이

스테이플러 1 개

인지 100장 ⋯ 독서클럽, 레코드클럽, 잡지 발행자로부터 받은 인지를 사용할 수 있다.

진행방법

학생은 종이 한 장을 집어 1/3로 접는다. 잘 못하는 학생을 위해서 교사는 접는 선을 가리키는 표식을 종이위에 만들어도 좋다. 우수한 학생에게는 인쇄된 종이를 사용하는 것이 도움이 된다. 교사는 접는 선의 지침으로 학생이 사용할 인쇄된 종이의 한 단어를 지적해 주어도 좋다.

종이를 접으면 학생은 우표 붙이는 난을 만들면서 스테이플 한 개로 그것을 찍어 고정시킨다. 학생은 그 다음 인지 종이에서 인지를 떼어내고 (보다 쉽게 떼어내기 위해서 어떻게 인지의 눈금을 접는지를 시범 설명하라), 그 다음 그 인지에 침을 묻혀, 상부 오른쪽 구석의 우표 붙이는 난에 인지를 붙인다.

학생은 종이 모두를 접고, 스테이플을 찍고, 그리고 인지를 붙일때까지 이 과정을 계속한다.

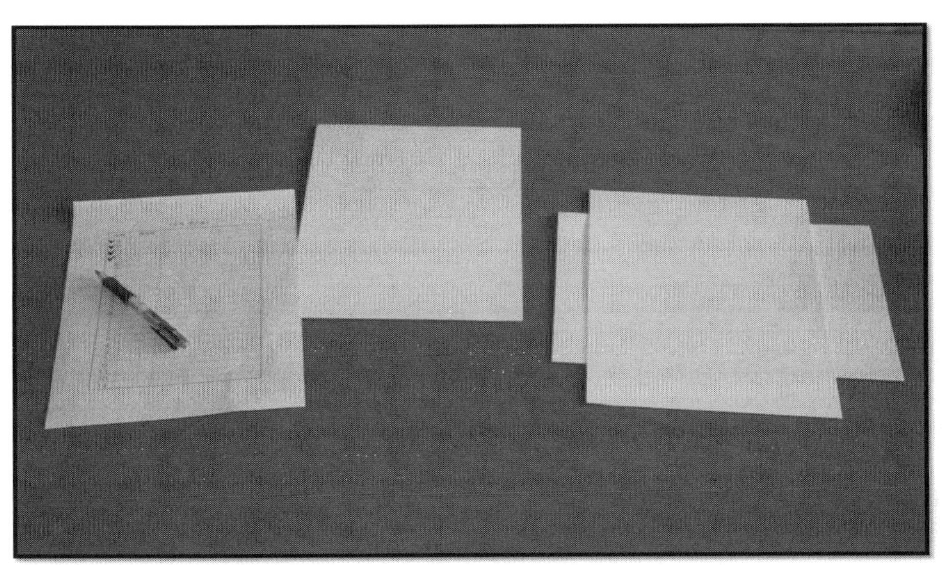

 종이의 특정 숫자 대조하기

선행기술

뛰어난 운동신경의 협응조정 … 종이 한 장을 한 번에 집기

세기 … 10 또는 15까지 세는 능력 (리스트의 사용된 숫자한도는 학생의 능력에 따라 변경해도 좋다)

하나에 하나 대응하기 … 각 숫자만큼 센 종이를 새 더미에 올려놓기

위에서 아래로 순서를 따르기 … 리스트의 첫 번째 숫자의 위치를 정하고, 약정된 작업을 이행하여 리스트에 새 위치를 다시 정하는 능력

대조하기 … 더미가 섞이지 않게 종이를 각지게 쌓아올리는 능력

재료

편지지, 수지연필

숫자 리스트 … 눈에 보이는 혼동을 줄이기 위하여 숫자간의 간격을 충분히 띄우면서 종이의 여백에 수직으로 1에서 15사이의 임의의 숫자 15개를 종이 한 장위에 기재한다. 수지 연필로 만든 점검표시가 작업 완료후 지워질 수 있도록 종이에 비닐을 씌운다.

진행방법

학생은 리스트의 맨위 숫자를 보고 주머니에서 그 수만큼의 종이를 세고 새로이 세어둔 종이더미를 학생앞의 탁자위에 놓는다.

학생은 그 다음 수지연필을 꺼내어 리스트의 첫 번째 숫자에 대조될 표를 한다. 학생은 리스트의 두 번째 숫자를 보고 주머니에서 종이를 세고 새로이 센 종이더미를 첫 번째 더미위에 왼쪽으로 90° 각지게 놓는다.

학생은 리스트의 모든 숫자가 대조될 표시가 될 때까지 이 과정을 계속한다.

PART 5

철하기 작업 (Filing Tasks)

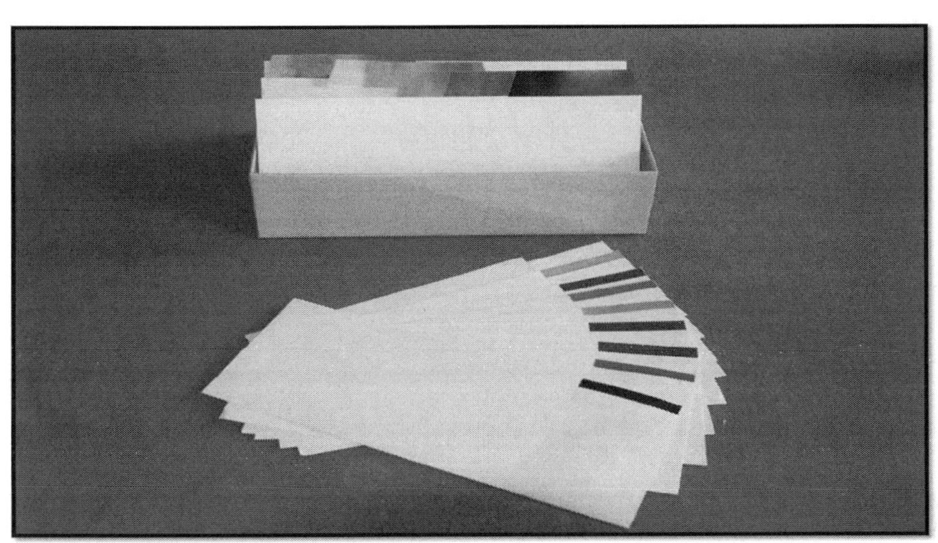

 **색깔별로 철하기**

선행기술

개념 … "뒤" 색인표에 관한 카드를 놓으므로 "앞, 뒤"의 개념

색깔 식별 … 한 색깔과 다른 색깔을 식별하는 능력

색깔 맞추기 … 색깔을 해당하는 색인표와 맞추는 능력

재료

색인 카드 135매 … 8㎝ × 15㎝ 크기의 카드 (모든 철하기 작업에서의 카

드 크기는 임의이다)의 끝 가장자리를 표시하기 위해서 끝이 굵은 마킹 펜을 사용하여 다음의 색 (적색, 녹색, 주황색, 황색, 청색, 자색, 흑색, 갈색, 분홍색)을 사용한 15개의 각 카드 9세트를 만든다. 카드에 얇은 코팅을 입히면 카드의 수명을 연장하는데 도움이 될 수 있다.

색인표 9장 … 카드의 해당하는 9가지 색깔 중 하나로 표시된 각 색인표

상자 1개 … 색인 화일 상자 또는 카드가 여유있게 들어갈 상자.

진행방법

학생은 뒤섞인 카드 더미에서 맨 윗 카드를 잡는다(각 카드는 뒷 가장자리에 한 색깔이 표시되어 있다). 학생은 해당하는 색깔의 색인표 뒤에 그 카드를 철한다. 그리고 카드 모두를 철할 때까지 그 과정을 계속한다.

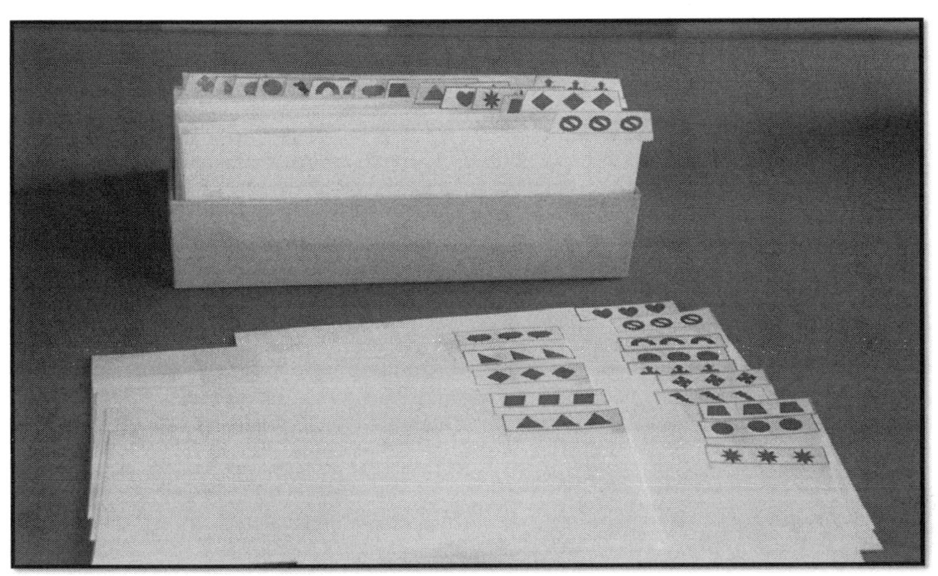

도안별로 철하기

선행기술

개념 … "뒤". 그곳에 카드를 색인표와 매치시켜 놓아야 한다.

도안 맞추기 … 해당하는 색인표에 도안을 맞추는 능력

재료

색인 카드 150매 … 15㎝ × 20㎝ 크기의 카드를 사용하여 카드의 상부

왼쪽에 도안을 그려넣어 다음의 15가지의 각 도안에 대한 한 세트 10개의 카드를 만든다. 도안 중 몇몇은 서로 유사하다. 작업의 난이도는 너무 어려울 경우 세트중 몇 개를 제외하면 된다. 예를들면 모양이 동일한 도안에 대해서는 모양의 윤곽선을 나타내는 카드는 선택하고 입체모양을 보이는 카드는 제외할 수 있다. 카드에 얇은 코팅을 하면 보전하는데 도움이 될 수 있다.

색인표 15매 ⋯ 카드를 맞추기 위해서 해당하는 도안이 있는 각 색인표

상자 1 개 ⋯ 색인화일 상자 또는 카드가 여유있게 들어갈 상자면 어떤 상자도 사용 가능하다.

진행방법

학생은 뒤섞인 카드더미(각 카드에는 도안이 그려져 있음)에서 맨 윗 카드를 집는다. 학생은 그 카드를 해당하는 색인표 뒤에 철한다. 그리고 모든 카드를 철할 때까지 그 과정을 계속한다.

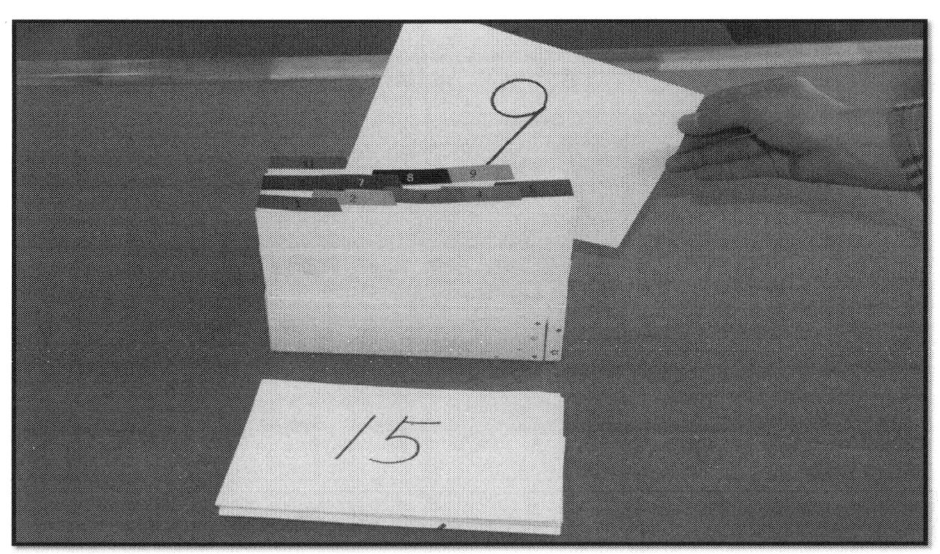

 **1에서 25까지의 수자별로 철하기**

선행기술

개념 ⋯ "뒤" 그곳에 색인표와 관련된 카드를 놓는다.

숫자 맞추기 ⋯ 카드에 적힌 숫자를 해당하는 색인표에 맞추는 능력

재료

색인카드 250매 ⋯ 15㎝ × 20㎝ 크기의 카드를 이용하여 1에서 25까지

의 각 숫자에 대한 한 세트 10매씩의 카드를 프린트 한다. 카드가 빈번히 섞일 것이므로 카드에 얇은 코팅을 씌우면 보존에 도움이 될 수 있다.

색인표 25매 ⋯ 1에서 25까지의 숫자 순으로 라벨이 붙은 색인표

상자 1개 ⋯ 색인화일 상자 또는 카드가 여유있게 들어가는 것이면 어떠한 상자도 가능

진행방법

학생은 1에서 25 사이의 숫자 한 개가 인쇄된 뒤섞인 카드 더미에서 맨 윗 카드를 집는다. 학생은 해당하는 숫자의 색인표뒤에 그 카드를 철한다. 그리고 모든 카드를 철할 때까지 그 과정을 계속한다.

 **가, 나, 다 순으로 철하기**

선행기술

개념 … "첫째". 철할 단어의 첫 글자 언급하기.

"뒤". 뒤에 색인표를 놓아야 한다.

글자 맞추기 … 단어의 첫 글자를 해당하는 색인표에 맞추는 능력

재료

색인 카드 100매 … 15㎝ × 20㎝크기의 카드를 사용하여 각 카드에 단어 하나를 인쇄한다. 적어도 2개의 단어가 각 철자별로 인쇄되도록 하여야 한다. 카드가 빈번히 뒤섞일 수 있으므로 카드를 얇은 코팅을 씌우면 카드 수명에 도움이 된다.

색인표 1 세트 … 가나다 각 글자에 색인표 1 매씩. 색인표에 보인 글자가 단어카드에 사용된 첫 글자와 일치하는가를 확인하라.

상자 1개 … 색인 화일 상자 도는 카드가 여유있게 들어갈 상자면 어떤 상자도 사용 가능하다.

진행방법

학생은 각 카드에 단어 한 개가 인쇄되어 있는 뒤섞인 카드 더미에서 맨 위의 카드를 집는다. 학생은 단어의 첫 글자를 판단하고 그 카드를 해당하는 색인표 뒤에 철한다. 학생은 모든 카드를 철할 때까지 그 과정을 계속한다.

우수한 학생에게는 카드를 옳은 색인표 뒤에 놓기 이외에도 각 색인표 뒤에 있는 단어를 가나다 순으로 놓기를 요구해도 좋다.

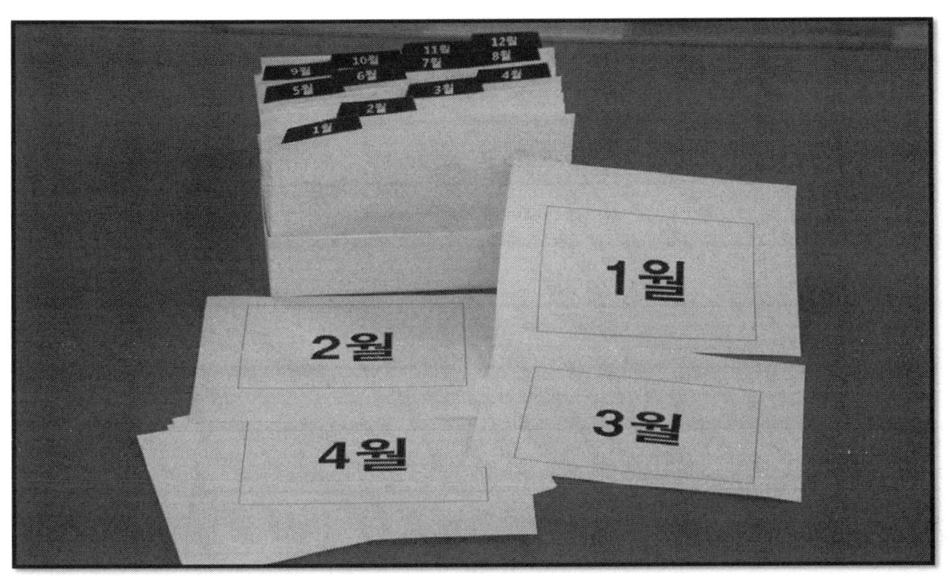

 ## 달(月)의 이름별로 철하기

선행기술

개념 … "뒤". 색인표 뒤에 카드를 놓아야 하는 능력

단어 맞추기 … 달의 이름을 해당하는 색인표에 맞추는 능력

재료

색인 카드 120매 … 하나의 달 이름으로 되어 있는 각 세트 10매씩의 카

드 12세트를 만든다. 코팅을 하는 것이 카드보존을 위하여 도움된다.

색인표 12매 … 연중의 각 달에 색인표 하나. 색인표에 보이는 달의 이름이 카드와 맞는지(첫 글자 일치)를 확인한다.

상자 1 개 … 색인 파일 상자 또는 카드가 여유있게 들어갈 상자면 어떠한 상자라도 사용 가능하다.

진행방법

학생은 달 이름이 인쇄되어 있는 카드 더미에서 맨위의 카드를 집는다. 학생은 그 카드를 해당하는 달의 색인표 뒤에 철하고 카드 모두를 철할 때 까지 그 과정을 계속한다.

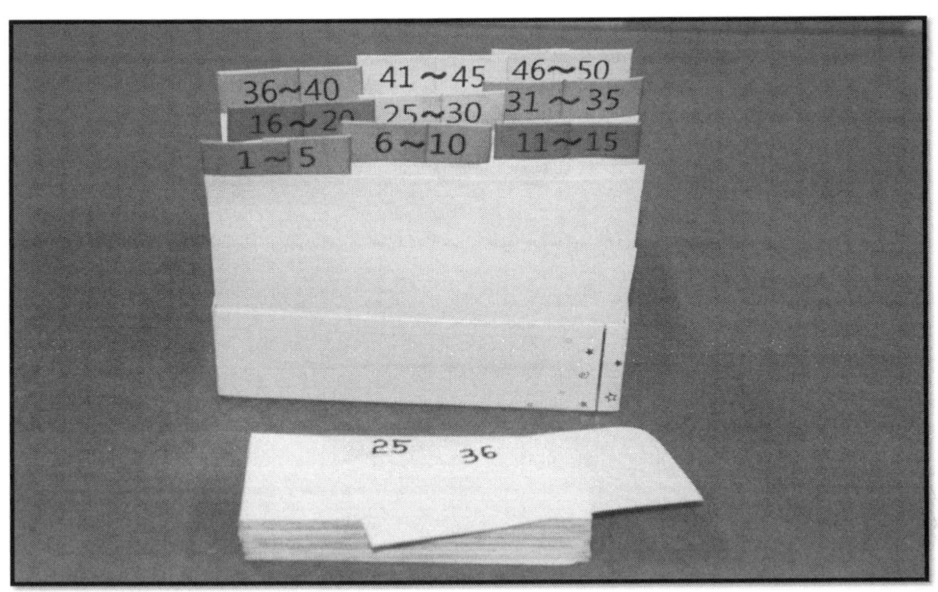

1에서 50까지의 숫자별로 철하기

선행기술

개념 … "뒤". 뒤에 색인표와 같은 카드를 놓게 되므로

숫자 맞추기 … 잘못하는 학생이 카드의 숫자를 해당하는 색인표에 맞추는 능력

숫자상의 순서에 관한 지식 … 우수하게 움직이는 학생이 1-5, 6-10, 11-15 등등의 일련의 숫자에 어떤 수가 포함되어 있는지를 판단하는 능력. 그 숫자를 바른 순으로 놓는 능력도 필요하다.

재료

색인 카드 50매 … 1에서 50까지의 숫자를 (각 숫자당 한 개의 카드) 인쇄한다. 카드에 코팅을 하면 보존에 도움이 될 것이다.

색인표 10매 … 다섯씩 증가된 수 (예: 1-5, 6-10, 11-15)로 인쇄된 색인표. 열등하게 움직이는 학생을 위해서, 또한 다섯 숫자를 인쇄하여라. 즉, 색인표에 1-5를 인쇄하고, 그 인쇄 아래 1, 2, 3, 4, 5를 인쇄하라.

상자 1개 … 색인 파일 상자 또는 카드가 여유있게 들어갈 상자면 어떠한 상자도 사용 가능하다.

진행방법

학생은 1에서 50까지의 숫자가 적혀있는 카드 더미에서 맨 위의 카드를 집는다. 학생은 그 카드를 해당하는 색인표 뒤에 철한다. 학생은 모든 카드를 철할 때 까지 그 과정을 되풀이 한다.

우수한 학생을 위해서는 바른 숫자순으로 해당하는 색인표 뒤에 놓기를 요청해도 좋다. 1에서 50까지 익숙해지면 1~100까지 확장시켜야 한다.

PART 6

맞추기 및 재현하기 작업
(Matching & Reproducing Tasks)

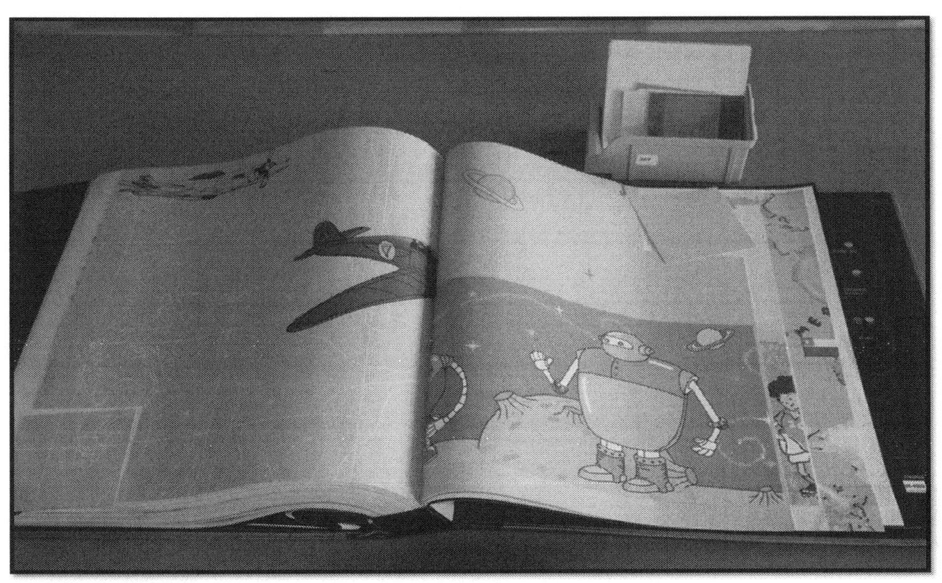

 벙지 견본 맞추기

선행기술

색깔 및 무늬 맞추기 ⋯ 사각형의 벽지를 책의 해당하는 페이지에 맞추는 능력

눈-손의 협응조정 ⋯ 페이지에 각 사각형을 페이퍼 클립으로 끼우기

재료

벽지 책 한권 ⋯ 벽지를 취급하는 대부분의 주택개량센터와 철물상은 패턴 사용이 중지된 책을 기증할 수 있다.

페이퍼클립 1 상자 ⋯ 중간 크기의 페이퍼클립

진행방법

학생은 벽지 책의 첫 페이지를 열고 벽지의 색깔과 무늬를 연구한다. 그 다음 학생은 각 페이지에서 잘라낸 사각형의 벽지가 담긴 상자를 조사하여 정확한 조각 (색깔과 도안 두 가지 모두)을 찾아낼 때까지 면밀히 조사한다. 학생은 그 다음 벽지 책의 것과 맞는 조각을 페이퍼 클립으로 끼운다.

학생은 사각형의 벽지 모두를 책의 맞는 페이지에 페이퍼 클립으로 끼울 때까지 그 과정을 계속한다.

 천의 패턴 및 모양 맞추기와 옷핀 사용하기

선행기술

패턴 맞추기 ⋯ 패턴별로 분류하는 능력

모양 맞추기 ⋯ 모양별로 분류하는 능력

눈-손과 뛰어난 운동신경의 협응조정 ⋯ 옷핀을 열고 닫는 능력과 두 조각의 천을 함께 핀으로 꼽기 위해 적당하게 그 핀을 사용하는 능력.

하나에 하나 대응하기 ⋯ 천 각 세트에 옷핀 한개

재료

천 조각 80장 ⋯ 40쌍의 상이한 패턴과 모양을 잘라둔다.

옷 핀 40개

용기 1 개 ⋯ "완료"조각을 담을 용기

진행방법

커다란 표면 위에 학생은 패턴과 모양에 따라 천 조각을 분류한다. 학생은 모든 패턴과 모양을 맞추고 나면, 그 다음 각 세트로서 두 장의 동일한 천 조각을 함께 핀으로 꼽고 옷핀을 꽂은 세트를 "완료"상자에 담는다.

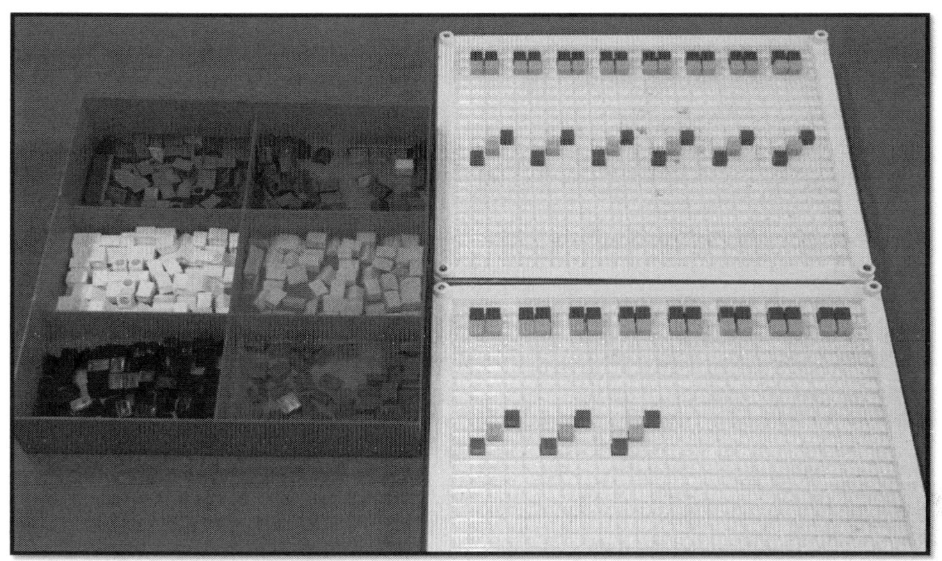

색 타일의 패턴 재현하기

선행기술

색깔 맞추기 … 타일의 색깔을 견본의 해당하는 타일에 맞추기

모양 맞추기 … 타일의 모양을 견본의 해당하는 타일에 맞추기

위치 맞추기 … 견본판에 삽입된 것과 같이 동일한 위치의 페그판에 타일을 삽입하기

눈-손의 협응조정 … 페그판의 구멍에 타일 넣기

재료

페그판 … 큰 것 1 개, 또는 작은 것 2 개 (진행절차 참조)

놀이용 플라스틱 타일 … 다양한 색깔, 크기와 모양과 양은 학생이 맞추려는 견본의 복잡성에 따라 다르다.

진행방법

학생 앞의 탁자위에 2개의 페그판(재현될 견본 패턴이 있는 것과 빈 페그판) 또는 테이프로 반으로 나뉘어진 페그판 1 개(한면은 재현될 견본 패턴이고 한면은 빈면)가 있다. 또한 견본 패턴의 타일로 가득한 용기가 있다. 학생은 견본 패턴의 왼쪽 면을 보고, 용기에 맞는 타일을 찾아 그것을 빈 페그판의 해당하는 위치에 놓음으로써 빈 페그판 위에 그 모양을 재현한다.

학생은 견본 패턴을 타일의 배치와 색깔과 모양에 있어 견본의 모양과 일치할 때까지 이 방법을 계속한다.

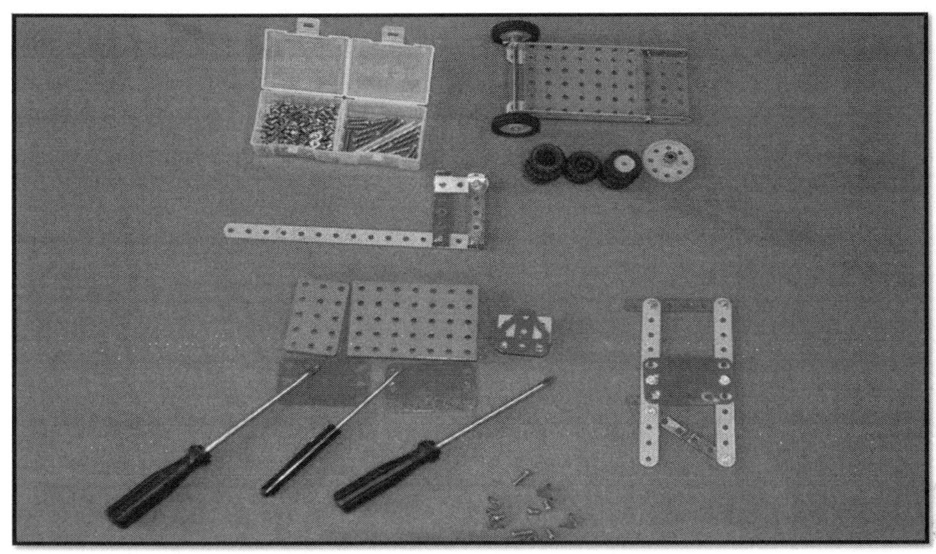

이렉터 세트 견본 재현하기

선행기술

손목의 유연성 ··· 너트와 볼트를 함께 나사로 죄기

눈-손 협응 조정 ··· 구멍에 볼트를 넣고, 볼트에 너트를 놓아 그 둘을 나사로 죄기

뛰어난 운동신경의 협응조정 ··· 작은 규격의 너트와 볼트를 가지고 작업하기

위치 맞추기 ··· 너트와 볼트 또는 바퀴부품을 견본에 삽입된 것과 같은 동

일한 위치의 구멍에 끼워넣기

재료

이렉터 세트 200개 … 대부분 모든 장난감 상점 혹은 철물점에서 찾아낼 수 있다.

진행방법

학생이 재현할 견본 패턴을 쉬운 것부터 복잡한 것까지 50가지 만들고 학생은 하나씩 모양을 재현한다. 교사는 학생 앞에 한두 개의 견본과 재현할 견본을 만들 부품을 놓는다(주어진 수는 학생의 능력 수준에 따라 다르다). 이렉터의 견본을 왼쪽에 두고 하나씩 학생의 앞으로 가져온 후 재현할 자료들을 선정하여 견본과 같은 모양으로 만들어 두 개씩 합하여 오른쪽에 쌓아둔다. 학생은 해당하는 부품을 사용하여 각 견본을 연구, 재현한다. 점차 50가지를 모두 재현하면 상을 주고 점차 복잡한 모형으로 진행할 수 있다.

PART 7

전자공학 작업 (Electronics Tasks)

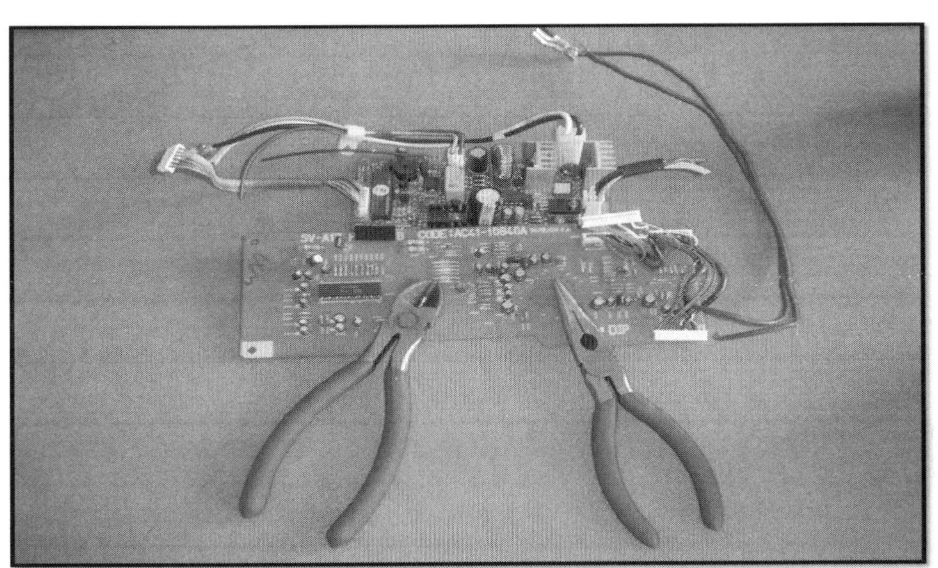

 **회로판에 전선을 맞추기 및 삽입하기**

선행기술

색깔 맞추기 … 전선의 색깔을 견본의 해당하는 전선에 맞추기

위치 맞추기 … 전선을 견본판에 삽입된 것과 같은 동일한 위치에 삽입하기.

눈과 손의 협응 조정 … 전선을 판의 구멍에, 앞에서 뒤로, 뒤에서 앞으로 끼워넣기.

손목의 유연성 … 전선 끝을 구부리기 위해 펜치를 사용하기.

연장 사용 … 펜치를 바르게 사용하기.

재료

회로판 2장 … 전자 생산업자에서 흠이 있는 판을 달라고 부탁한다.

색전선 40조각 … 견본에 사용될 조각 20개와 학생 사용용으로 해당하는 조각 20개.

바늘(needle-Nose) … **코 펜치 1개.**

용기 1개 … 색전선 조각을 담을 용기

진행방법

학생이 재현할 견본 패턴을 만들기 위해서 색전선 20개를 사용하라. 그리고 그것을 한 회로판에 삽입하라. 빈 회로판을 그 위의 견본판과 함께 학생 앞에 놓아라. 학생은 견본 패턴을 따를 때에는 왼쪽에서 오른쪽으로 작업해야 한다.

학생은 용기에서 전선 하나를 꺼내어 전선의 위치와 색깔 양면에서 그것을 견본판에 맞추면서 회로판에 끼워 넣는다. 학생은 그 전선을 해당하는 구멍에 판의 뒤쪽까지 끼워 넣고, 그 다음 견본판의 것에 해당하는 구멍을 통해서 판의 앞쪽에 그것을 동인다. 펜치를 사용하여, 학생은 전선의 양끝을 비틀어 돌려 닫는다.

학생은 색깔과 위치 양면에서 모든 전선을 맞출 때까지 이 과정을 계속한다. 그것이 완성되었다면 또 하나의 작업은 학생으로 하여금 회로판에서 전선을 풀고 제거하는 펜치를 사용하게 하는 것일 것이다.

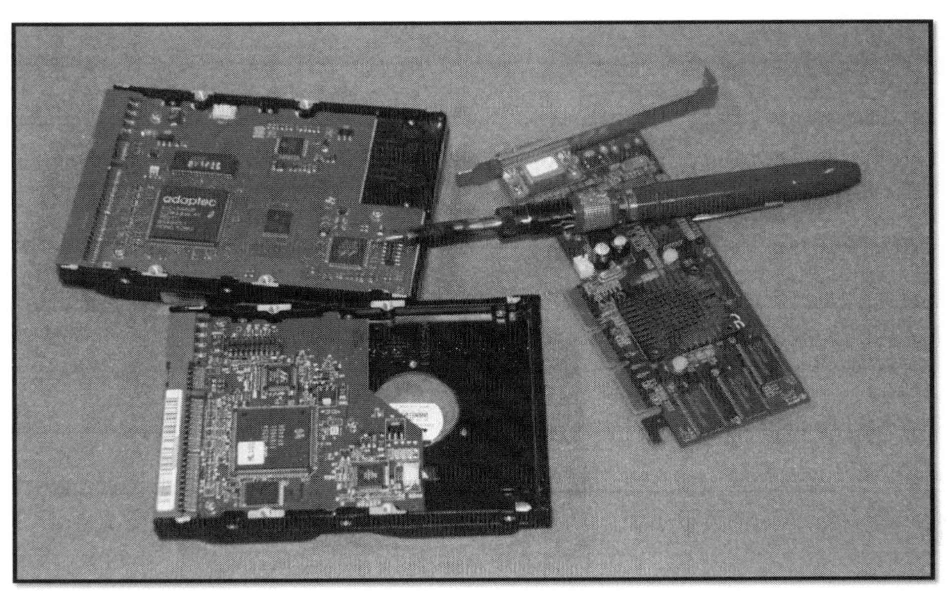

 **회로판 위에 전자부품을 납으로 때우기**

선행기술

주의 ⋯ 이 작업은 복잡하고, 성공하기에는 고도의 기능 수준이 필요하다.

품목 맞추기 ⋯ 빈 회로판위에 납땜질 될 동일한 전자부품의 위치를 정하기.

위치 맞추기 ⋯ 견본판에 삽입된 것과 같은 동일한 위치에, 전자부품을 회로판에 삽입하기.

눈-손의 협응조정 ⋯ 땜납과 땜납인두를 전자 부품이 삽입된 구멍에 붙이면서, 회로판의 구멍에 전자부품을 삽입하기.

연장사용 ⋯ 납땜 인두의 적절한 사용

재료

회로판 2장 ⋯ 홈이 있는 판을 구하기 위해서 전자 생산업자에게 연락하기

전자부품 ⋯ 전자 생산업자에게 회로의 절단 부분을 잇는 짧은 전선, 저항기, 직접회로, 이극 진공관, 트랜지스터 등을 달라고 부탁하여라.

용기 ⋯ 다양한 전자부품을 담을 용기.

납땜 인두 1개 ⋯ 취미 상점 또는 전자부품 상점에서 구입할 수 있는 납땜인두

진행방법

학생이 재현할 견본 회로판을 만들어라.

학생은 안전상의 이유로 실제 사용하지 않을 때 받침대에 보관되어야 하는 납땜인두에 플러그를 꽂는다. 학생은 견본회로판의 왼쪽면에서 시작한다. 그리고 견본부품을 모양, 크기, 그리고 '색깔면에서 맞추면서 번 회로판에 삽입될 첫 번째 전자부품을 용기중 하나에서 찾아낸다.'

학생은 그 다음 견본판에 보이는 것과 같은 동일한 위치에, 그 부품을 번 판에 삽입한다.

학생은 부품 모두를 맞추고 판에 삽입할 때까지 이런 식으로 계속한다. 학생은 감독관으로 하여금 작업의 정확성을 검토케 하고 어떤 오류라도 수정하게 한다. 감독관이 그 작업을 승인하면, 학생은 판위의 모든 조각을 납땜질 한다.

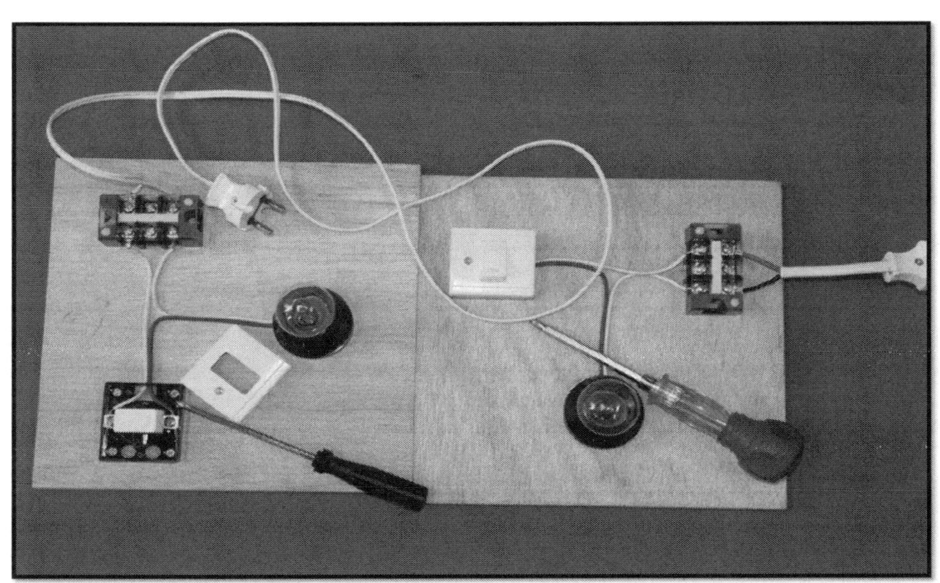

 ## 전기 스위치를 전선으로 고정시키기

선행기술

주의 : 이 작업은 복잡하다. 그리고 성공하기에는 고도의 기능 수준이 필요하다.

손목의 유연성 ⋯ 스크루 드라이버로 스크루나사 돌리기.

눈 – 손과 뛰어난 운동신경의 협응 조정 ⋯ 스위치에 전선을 삽입하기, 전극에 그것을 두르기, 스위치의 뒤와 앞부분을 정렬하기 그리고 구멍에 나사못을 삽입하기.

연장 사용 … 스크루드라이버와 전류 검사기의 적절한 사용.

핀서 움켜잡기 … 전류 검사기의 쬠들(clamp)을 열고 닫기.

순서(Sequencing)따르기 … 스위치의 전선의 순서를 따르는 능력(그것이 택하는 통로와 그것이 전극에 부착된 곳)

재료

전기 스위치 10개 … 주택개량 센터나 철물 상점에서 구입된 전기 스위치.

스크루 드라이버 1개 … 작고 머리가 납작한 스크루 드라이버.

전류 검사기 … 철물 상점에서 구입한 전류 검사기.

전선 150㎝ … 전선을 15㎝ 길이로 자른다. 각 끝에서 전선 $\frac{1}{2}$을 쪼갠다. 또한 전선의 중간 $2\frac{1}{2}$을(위의 사진을 참고하라) 전선의 한 면은 그대로 두고, 전선 다른 면의 중심을 잘라, 껍질을 벗기면서 쪼개라. 중간 껍질이 벗긴 부분은 스위치의 전극에 두르게 될 것이다.

진행방법

학생은 스위치를 열기 위해서 두 나사못을 푼다. 학생은 그 다음 전극에 벗긴 전선을 동이고, 그다음 전극을 스크루 드라이버로 조이면서 전선을 스위치에 삽입한다.

학생은 전류 검사기의 클램프를 스위치의 한 면에서 빠져 나오는 껍질이 벗겨진 전선에 붙인다. 그리고 검사기의 끝을 스위치의 다른 쪽에서 빼져 나오는 껍질이 벗겨진 전선에 댄다.

학생은 스위치를 "on"위치로 돌리고 검사기에 불이 들어오는지를 점검한다. 불이 들어온다면, 전선으로 고정시키기는(Wiring)옳게 된 것이다. 학생은 그 다음 2개의 나사못으로 뒷면을 앞면에 붙여 스위치를 닫는다. 검사기에 불이 들어오지 않으면, 학생은 스위치를 다시 전선으로 고정시켜, 그것을 다시 시험한다. 학생은 스위치 10개 모두가 바르게 전선으로 고정될 때까지 전선 연결(Wiring)을 계속한다.

PART 8

부축하기 (Helping)

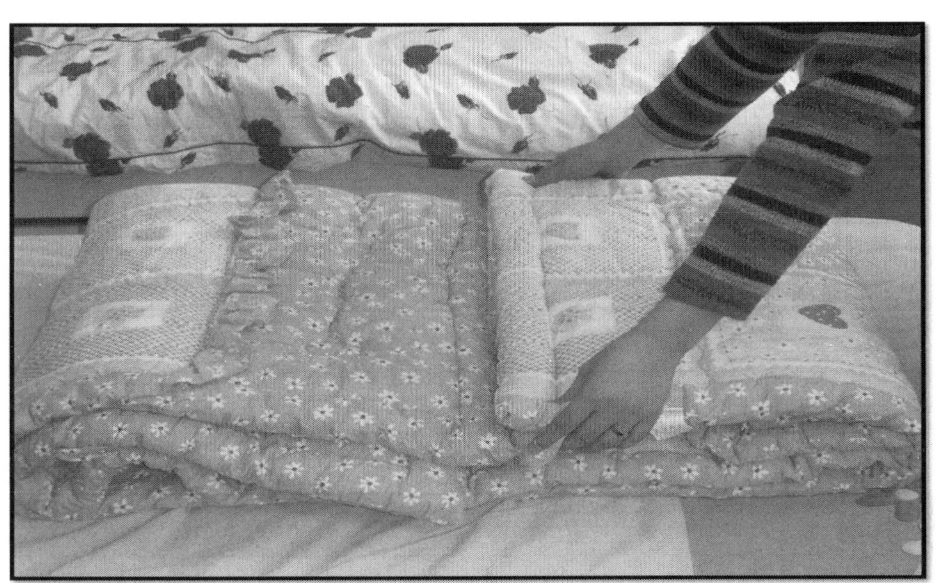

이불개기

선행기술

개념 ··· 앞, 뒤를 알아야 한다. 또한 반으로 접는 개념을 가지고 있어야 한다. 모서리

눈-손의 협응 ··· 이불을 갤 수 있는 협응능력

신체 균형감각 ··· 이불을 집어들고 접을 때 몸의 균형을 유지할 수 있어야 한다.

손목의 유연성 ··· 접는 세부적인 운동을 위하여 손목의 유연함이 필요함.

재료

각종 크기가 다른 이불, 혹은 쉬트, 부피가 다른 이불 10 채, 큰 작업대

진행방법

이불의 안이 밖으로 나올 수 있도록 이불을 펴둔다. 안과 밖은 우수한 학생의 경우에는 간단한 상표의 표시로 파악할 수 있고 느린 학생은 커다란 상표표시 혹은 안과 밖을 나타내는 표식을 해준다.

이불을 바닥에 편 후 모서리를 맞추어 길게 반으로 접게 한다. 처음에 어려운 경우에는 시범을 보이므로서 따라할 수 있게 한 후 점 차 스스로 할 수 있게 한다.

모서리를 잘 맞추면 반으로 잘 접어지는 것을 알게 한 후 다시 긴 쪽의 이불을 반으로 접게 한다. 반을 접을 때 이불이 긴 경우에는 방향을 바꾸어 반대편으로 자리를 옮길 수 있게 한다. 이러한 활동은 작업활동 대를 넓게 하여 이불을 펼 수 있는 자리를 충분히 준비한다.

적당한 크기로 접은 후 작업대의 한쪽에 비켜두고 나머지 이불도 같은 방식으로 접어 이불을 모두 한쪽으로 쌓는다.

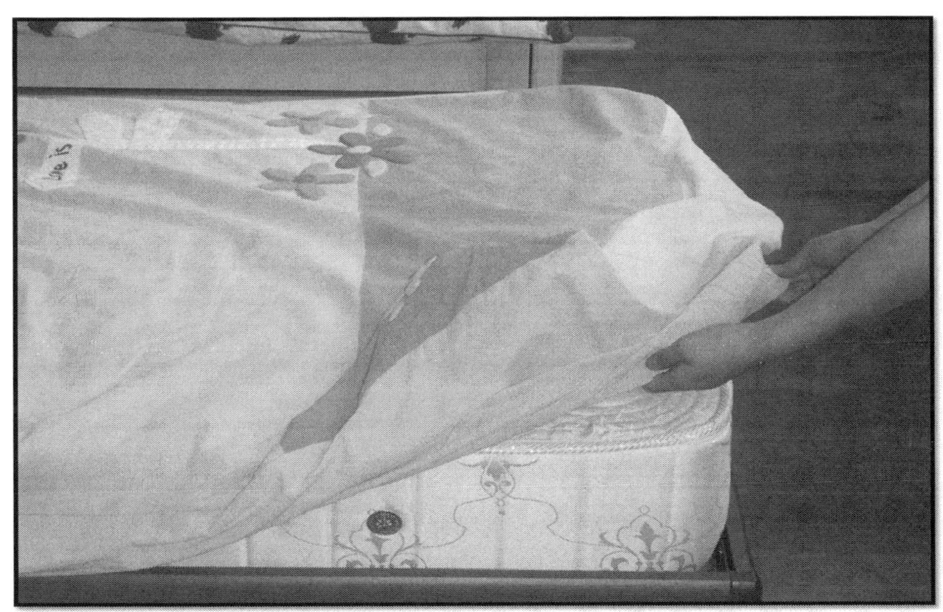

침대 정돈하기

선행기술

개념 ··· 위, 아래의 개념. 공간개념, 모서리

눈-손의 협응력 ··· 쉬트를 모서리에 끼울 수 있는 능력

운동신경의 협응 ··· 몸 전체를 사용하여 쉬트, 이불 펴기와 손놀림능력

손목의 유연성 ··· 손바닥으로 쉬트를 펴고 이불을 평평하게 만드는 능력

재료

베게, 쉬트, 이불, 식판, 링겔걸이

진행방법

링겔걸이와 식판을 제자리에 정리한다. 링겔걸이는 사람이 다니지 않는 곳으로 구석에 밀어두고 식판은 침대 끝의 자리에 접어 내린다.

흐트러진 이불과 베게를 한쪽으로 옮기고 쉬트를 가즈런히 한다. 한쪽의 쉬트를 정리 한 후 이불과 베게를 다른 쪽으로 옮기고 나머지 부분의 쉬트를 가즈런히 한다. 침대의 사면으로 옮겨다니면서 정리한다.

베게를 잘 다듬어 침대 머리맡의 중간부분에 둔다. 이불의 양끝을 잡고 한쪽을 가지런히 편 후 다른쪽으로 이동하여 나머지 한쪽을 정리한다.

침대정리를 위하여 잘 하는 학생을 위하여서는 이불 밑의 담요를 덧붙이고 이불을 접에 환자가 쉽게 들어갈 수 있는 형식으로 접어두는 방식 등 점차 난이도를 높여나간다.

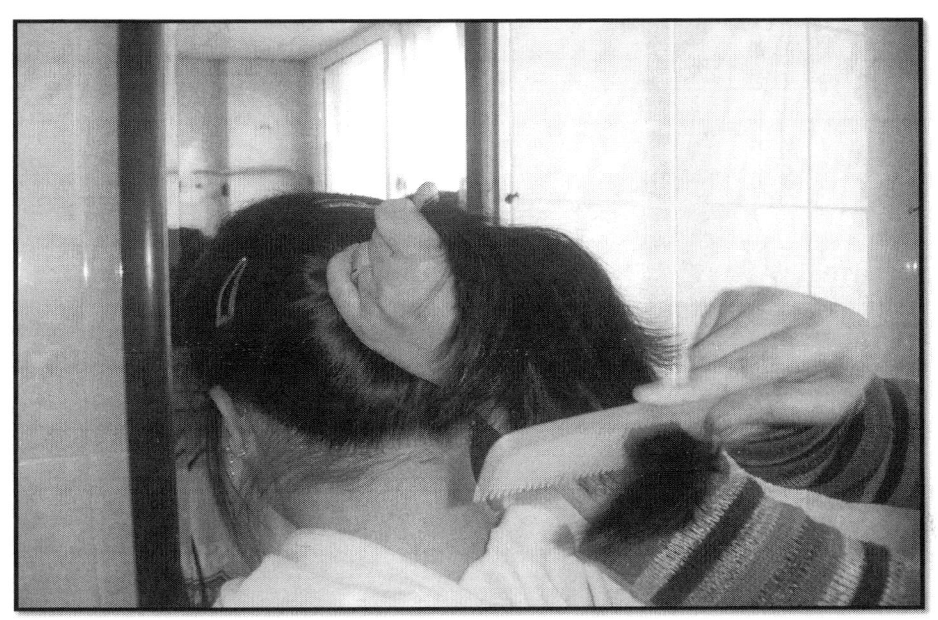

 머리 정돈하기

선행기술

개념 ··· "단정함", "앞, 뒤"

전후관련 따르기 ··· 순서개념

손목의 유연성 ··· 거울과 빗 혹은 솔을 쥘 수 있어야 한다.

눈-손의 협응조정 ··· 흐트러진 머리 부분을 보고 빗으로 손질하는 능력.

머리띠 혹은 핀을 꽂을 수 있는 능력

재료

거울, 빗, 솔, 머리띠, 핀, 머리카락이 있는 마네킹

진행방법

거울을 한손으로 쥐고 환자의 얼굴 앞 가운데에 보내어 환자가 자신의 얼굴을 볼 수 있는지 확인한다. 머리를 빗질하여 단정한 머리로 만들 수 있어야 한다. 머리의 가르마, 혹은 흐트러진 머리는 물기를 보충하여 빗질 하는 능력도 필요하다.

환자의 뒷부분으로 돌아가 뒷머리를 묶거나 빗는다. 한손으로 빗질하면서 다른 한손으로는 빗질한 머리를 가볍게 눌러주어 머리카락이 흐트러지지 않게 정돈한다. 고무밴드로 머리를 묶는다. 고무밴드는 한손에 끼어 넓게 벌리고 다른 한손으로는 머리카락을 모두 모아 고무밴드 안으로 보낸다. 고무 밴드를 모아진 머리키락 윗부분으로 보낸 후 늘리고 한 바퀴 꼬운 후 다시 한번 돌려 다시 모아진 머리카락을 통과시켜 머리카락을 고무밴드 사이로 잡아당긴다.

우수한 학생을 위해서는 여러 종류의 머리밴드, 머리핀 등 다양한 종류를 사용할 수 있으며 느린 학생에게는 머리를 빗질 하는 것부터 시작하여 점차 어려운 방법으로 진행한다.

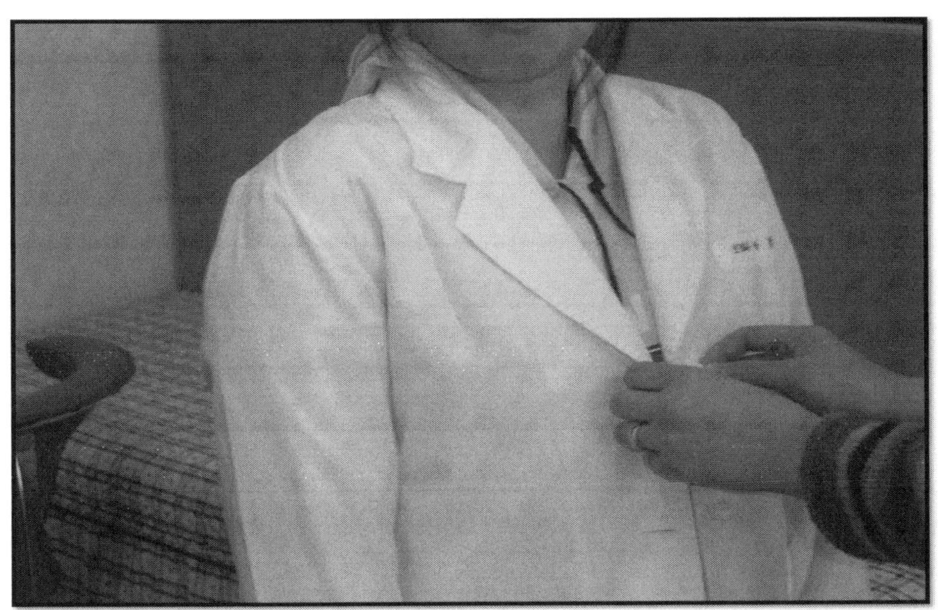

환자의 옷차림 돕기

선행기술

개념 ··· "단정함", 왼쪽, 오른쪽

눈-손의 협응조정 ··· 환자복을 입히고 단추를 채울 수 있는 능력

하나에 하나 대응 ··· 단추를 채울 수 있는 능력

손목의 유연성 ··· 옷을 입히고 바지를 올려주며 옷차림을 돕기 위하여 필요한 능력이다.

재료

환자복 (여러 종류의 상, 하의), 여러 종류의 양말, 신발, 슬리퍼

진행방법

환자를 침대 한쪽에 다리를 침대 아래로 내어 앉히고 환자복 바지를 펴고 환자의 다리를 각각의 바지 구멍에 넣는다. 환자를 일으켜 바지를 허리까지 당겨 올린다.

저고리를 펴고 앞섶을 벌려서 왼쪽 팔을 왼쪽 소매안으로 넣는다. 오른쪽 팔을 오른쪽 소매안으로 넣는다. 앞섶을 가지런히 하여 단추 구멍과 단추가 서로 겹치도록 앞섶을 정돈한다.

겹치어진 앞섶의 첫 단춧구멍에 첫 단추를 낀다. 아래의 단추들을 같은 방식으로 끼운다.

양말은 왼쪽 발을 들고 양말 구멍속으로 발을 넣고 양말을 당겨 발가락이 양말안의 끝부분과 닿을 때까지 양말을 끌어당긴다. 오른쪽 발을 들어 같은 방식으로 양말을 신긴다. 신발과 슬리퍼도 같은 형식으로 연습할 수 있다.

우수한 학생에게는 여러 종류의 환자복을 입혀보고 양말, 신발, 슬리퍼도 여러 종류를 신기는 연습을 할 수 있다. 느린 학생의 경우에는 가장 입히기 쉬운 환자복과 양말도 넉넉히 큰 것을 가지고 연습한다.

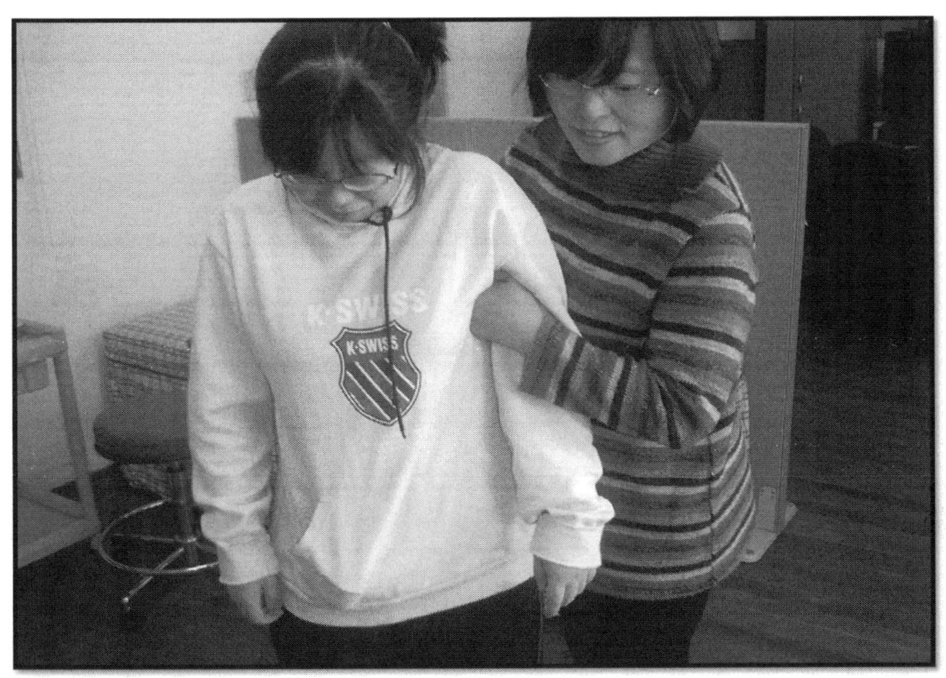

부축하여 걷기

선행기술

방향감각 … "왼, 오른쪽"

공간감각 … 목적지 파악하기

상·하지 운동 협응력 … 부축하여 두 사람이 함께 나란히 걸을 수 있는 능력

균형감각유지 … 부축하여 넘어지지 않고 걸을 수 있는 능력

신체 강근력 ⋯ 환자의 체중을 버티어 줄 수 있는 능력

재료

환자용 지팡이

진행방법

환자가 힘이 없고 걸음이 불안정 할 때 보조자는 환자의 허리를 받치고 걸음을 걸을때마다 환자의 체중을 떠받쳐줄 수 있는 힘이 필요하다. 우선 환자를 침대에서 일어나게 하여 침대 밖으로 다리를 내려뜨릴 수 있도록 부축한다.

점차 부축하여 환자가 바닥에 발을 딛고 설 수 있게 허리를 잡고 일어설 때 부축한다. 환자가 신, 혹은 슬리퍼를 신고 일어서면 환자의 허리에 손을 감고 체중을 버티어준다. 환자가 한발을 뗄 수 있도록 환자가 한쪽 다리를 들 수 있게 지지대가 되어준다. 든 다리를 앞쪽으로 옮기에 바닥에 닿을 수 있게 허리를 감싸안고 한쪽으로 약간 기울여준다.

다른 쪽 다리를 들고 앞쪽으로 발이 닿을 수 있게 허리를 감싸안고 체중을 떠받쳐준다. 그 쪽으로 발을 닿을 수 있도록 약간 기울여준다. 환자와 보조자가 함께 한발씩 뗄 수 있게 환자의 걸음걸이 속도에 맞추어 걷는다.

학생의 능력에 따라 환자의 걸음이 크게 힘들지 않는 상태에서 점차 걸음이 힘든 상태의 환자로 점차적으로 어려운 방향으로 훈련할 수 있다. 따라서 훈련의 대상으로 활용되는 가상 환자는 1명이지만 걸음이 크게 어렵지

않은 상태부터 점차 어려운 환자의 상태를 가정하여 학생들의 훈련 대상이 될 수 있다.

환자의 경우 걸음 보조기를 사용하는 상태 등 여러 종류의 상황으로 다양성있게 훈련할 수 있다. 학생이 훈련이 느린 경우에 대비하여 더 상세한 목록을 만들어 어느 만큼 학생이 진도가 나가고 있는지를 구체적으로 체크할 수 있다. 다음의 예를 참조하시오.

예를들면,

훈련단계	완성(O), 미완성(X) 횟수				
	1	2	3	4	5
1. 환자를 침대에서 일으킬 수 있다.					
2. 환자를 침대에서 일으켜 다리를 침대옆으로 돌릴 수 있다.					
3. 다리를 침대옆으로 내려뜨릴 수 있다.					
4. 다리가 바닥에 닿도록 침대끝으로 환자를 당길 수 있다.					
5. 바닥의 슬리퍼를 신길 수 있다.					
6. 두 발을 바닥에 닿게 하고 도와주면서 환자를 세울 수 있다.					
7. 환자의 체중을 받쳐주면서 환자를 안아 한발을 떼게 할 수 있다.					
8. 다른 발을 뗄 수 있도록 체중을 받쳐줄 수 있다.					
9. 환자를 부축하여 보조를 맞추어 걸을 수 있다.					
10. 목표한 곳까지 보조를 맞추어 걸을 수 있다.					
11. 환자가 힘들어할 때 환자와의 위치를 좌, 우로 바꿀 수 있다.					

화장실 사용 돕기

선행기술

개념 ··· "남, 여", 남여의 그림 표식 구분

균형 & 공간능력 ··· 화장실의 위치를 찾을 수 있는 능력

손목의 유연성 ··· 환자를 부축하고 화장실 사용을 도울 수 있는 능력

전·후 관계능력 ··· 화장실 사용을 차례대로 진행할 수 있는 능력

재료

비누, 수건, 휴지, 쓰레기통

진행방법

화장실에 들어갈 수 있도록 환자의 균형을 유지시키고 변기 앞까지 이동한다. 환자의 옷을 부축하여 내려주고 밖에서 기다린 후, 사용이 끝난 신호가 들리면 환자의 옷을 입혀준다.

변기의 물을 내리고 환자를 부축하여 세면대까지 균형을 유지하며 이동한다. 수도꼭지를 틀고 환자가 손을 씻을 수 있도록 자세를 지원한다. 손을 씻은 후 수건 혹은 페이퍼타올로 손을 닦는다. 환자를 부축하여 화장실 밖으로 이동한다.

화장실 밖에서 침대로 환자를 부축하여 이동을 돕는다. 침대의 옆에 환자가 걸터앉을 수 있게 돕는다. 다리를 침대 위로 올릴 수 있도록 도와주고 자리를 침대 안으로 이동시킨다.

우수한 학생을 위해서는 환자를 부축하여 화장실이동에서부터 환자의 화장실내의 관리까지 보조할 수 있게 계획하고 느린 학생을 위해서는 보다 간단한 활동부터 시작할 수 있다.

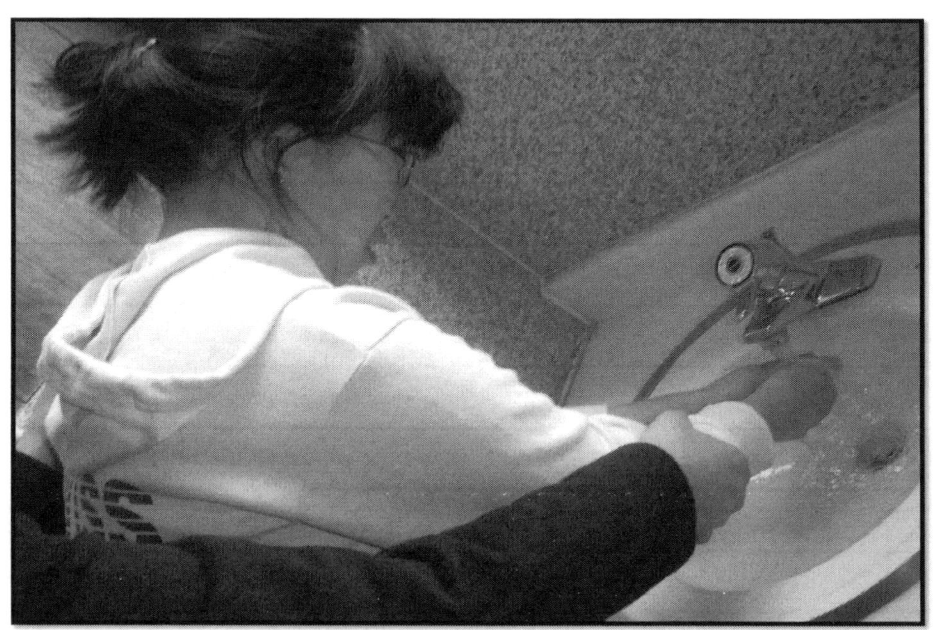

 세면 돕기

선행기술

전·후관련 따르기 ··· 세면순서를 차례로 진행할 수 있는 능력

쥐기, 잡기 손근력 & 협응 ··· 비누, 칫솔 등 작은 물건 잡고 유지할 수 있는 근력 및 협응

손목의 유연성 ··· 작은 물건을 쥘 수 있으며 환자를 도울 수 있는 능력

재료

수건, 비누, 세면대, 긴단한 화장품 (화장수, 로션 등)

진행방법

환자를 세면대 앞으로 이동할 때 부축한다. 세면기 앞에 설 수 있도록 부축한다. 세수할 수 있도록 물을 틀어준다. 더운물과 찬물을 적당한 온도로 만들어줄 수 있다. 얼굴과 손을 씻긴다. 혹은 젖은 물수건으로 닦아준다.

세면 후 얼굴과 손을 닦고 머리를 손질한다. 빗으로 머리를 단정히 빗을 수 있게 빗을 건네거나 빗어준다. 그동안에도 체중의 균형을 이룰 수 있도록 받쳐주어야 한다. 간단한 화장수를 선택할 수 있게 돕는다. 화장수 약간을 손바닥에 부어주면 환자는 그 화장수를 비벼 얼굴과 손에 바를 수 있다.

학생은 간단한 세면 서비스 방법부터 점차 복잡한 방법으로 예를들면 목욕 돕기까지의 방법으로 점차 확대하여 훈련할 수 있다.

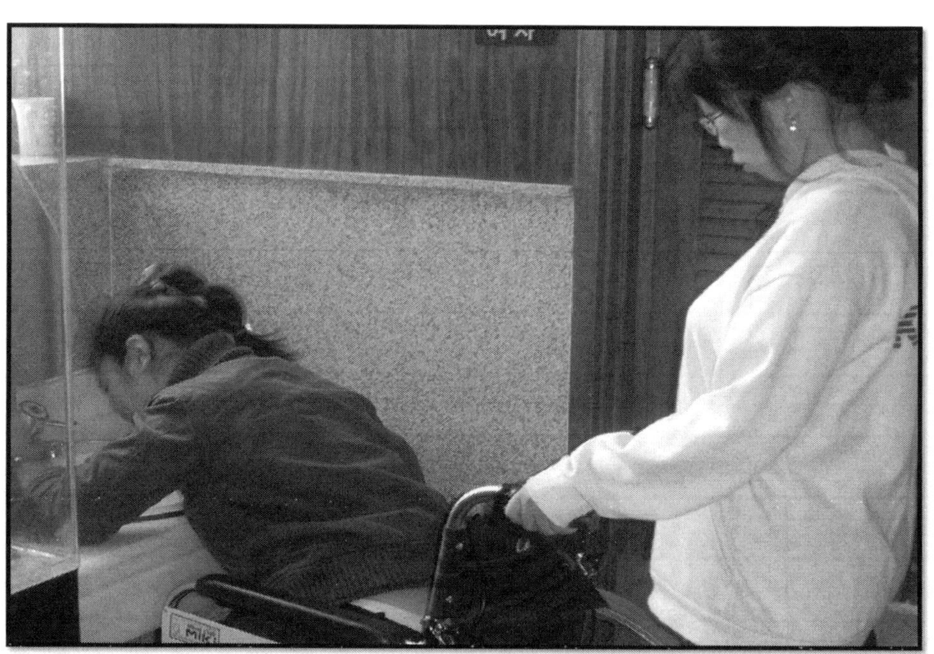

휠체어 밀기

선행기술

공간개념 … 어디로 가고자 하는 방향성과 장소에 대한 개념이 필요하다.

뛰어난 운동신경 … 휠체어를 밀고 당길 수 있는 능력

손목운동 … 휠체어를 균형있게 밀고 돌릴 수 있기 위하서는 손목의 유연성과 강건성이 필요하다.

시각·청각 변별력 … 앞의 장애물이나 사람 혹은 뒤의 소리를 들을 수

있는 능력이 필요하다.

재료

여러 종류의 휠체어, 밀고 다닐 수 있는 길이나 복도, 방석, 수건 등

진행방법

환자를 침대에서 내린 후 곁으로 밀어온 휠체어에 환자를 앉힌다. 앉은 자리가 편안할 수 있도록 수건, 방석을 받치거나 혹은 자세를 잡아준다. 휠체어를 가고자 목적하는 곳으로 방향을 잡아야 한다.

가고자 하는 곳으로 똑바로 진행하거나 돌아가는 길에서 휠체어를 잘못 밀어 벽에 부딪치거나 비탈을 굴러가지 않게 꼭 잡고 천천히 밀어야 한다. 혹은 가는 길에 밀기에 방해가 되는 물건, 예를 들어 수건 혹은 신발과 같은 것들이 흩어져 있을 때는 그것들을 치우거나 피하여 갈 수 있어야 한다.

너무 서둘러 밀거나 힘을 주어 휠체어를 넘어뜨려서는 안되므로 조심스럽게 서둘지 않는 자세로 밀 수 있어야 한다. 또한 문을 통과하여야 할때에는 미리 문을 열어놓고 휠체어를 밀고 들어가야 하며 엘리베이터 이용시에는 휠체어를 뒤로 돌려 자신이 뒷걸음질 쳐서 들어가는 능력도 필요하다. 이밖에도 휠체어를 정지시키고 환자를 부축해 내릴 때 휠체어의 잠금장치를 할 수 있어야 한다.

능력이 우수한 학생을 위해서는 연습내용을 좀 더 복잡하게 할 수 있고 능력이 떨어지는 학생에게는 단순한 작업부터 훈련시킨다. 또한 휠체어의 종류도 여러 가지이므로 다양한 휠체어의 사용법을 훈련시킨다.

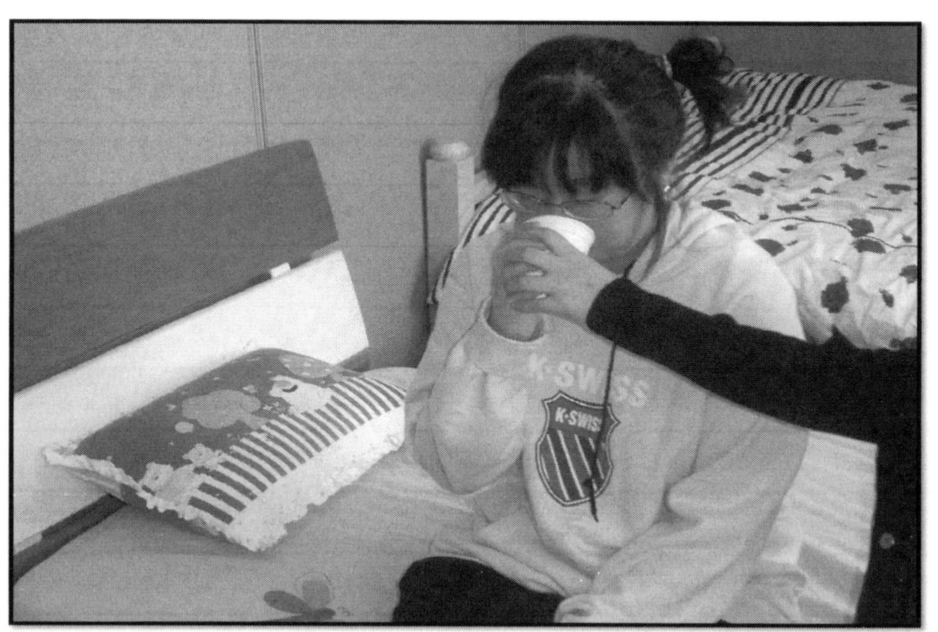

 약 먹이기

선행 기술

개념 ⋯ 시간 개념

시계보기 ⋯ 시계 숫자 읽기, 혹은 시계 바늘읽기, 시간되면 알람 울릴 수 있도록 시계맞추는 능력

눈−손의 협응조정 ⋯ 약 봉지를 찢고 약을 환자의 입에 넣어줄 수 있는 능력

쥐기, 잡기, 펴기 운동력 ⋯ 환자의 머리를 젖히거나 물을 먹이기, 약봉지 잡기와 같은 능력

재료

쟁반, 약봉지, 약봉지 담는 상자나 바구니, 시계, 물컵, 수건

진행방법

약 먹는 시간의 종이 울리면 환자에게 약 먹을 시간이 되었음을 알린다. 약 상자에서 약을 꺼내어 쟁반에 담고 물컵에 물을 떠올 수 있어야 한다. 물컵과 약봉지를 쟁반에 담아 환자의 곁으로 간다.

환자를 일으켜 앉힌다. 앉힌 후 등받이로 환자를 쓰러지지 않게 뒤를 받쳐준다. 약봉지를 찢어 약을 꺼내어 환자의 입에 넣어주고 물을 조금 먹여준다. 환자의 뒤통수를 받쳐줄 수 있어야 한다.

환자가 약을 넘기고 물을 마신 후 남은 물컵을 받아 쏟지 않도록 쟁반에 다시 받아놓는다. 쟁반을 침대에서 떨어진 곳으로 두어 쏟아지지 않게 치워둔다. 환자를 다시 눕히고 이불을 정돈해준다.

학생의 능력이 좋으면 점차 여러 가지 약 종류를 늘리어 필요한 약 이름과 시간을 달리하여 제공하는 방법으로 다양하게 훈련시킬 수 있다. 능력이 떨어지는 학생의 경우에는 알약을 먹이는 것으로 시작하고 시계보는 능력도 종이치면 먹인다거나 단순화하여 먹이는 연습에 보다 더 집중하게 할 수 있을 것이다.

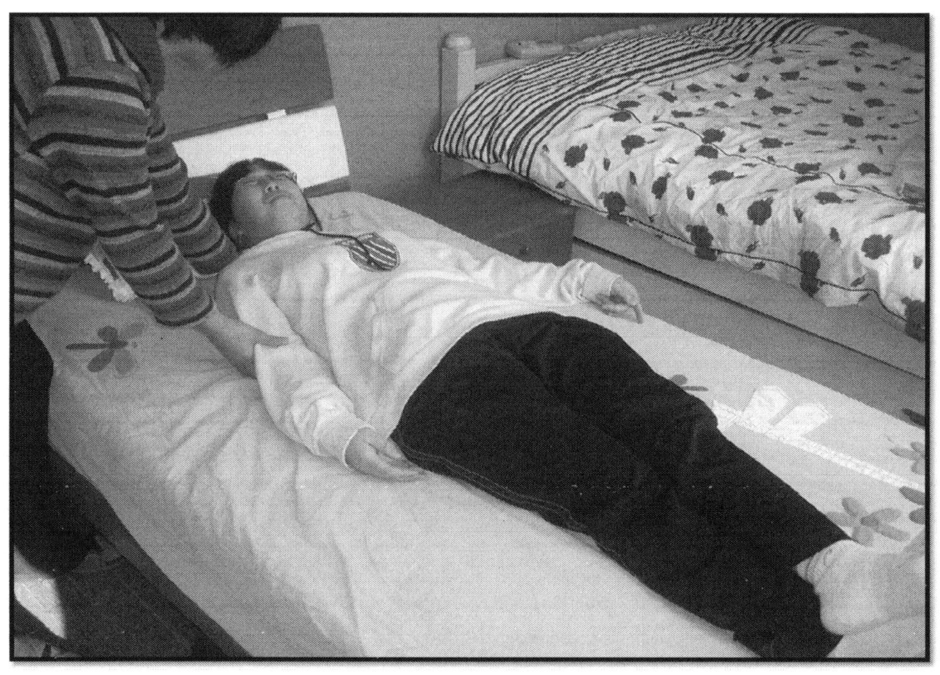

 눕히기

선행기술

개념 ··· "위, 아래, 가운데"

양팔 협응 ··· 환자를 눕히는 능력

운동감각, 균형유지 능력 ··· 환자의 몸무게를 지탱하고 쓰러지지 않도록
균형잡기

공간 감각능력 ··· 환자를 천천히 눕힐 수 있도록 공간 개념이 필요하다.

재료

침대, 혹은 요, 베게

진행방법

베게를 침대 혹은 요의 위쪽 가운데에 편편히 놓아둔다. 한손으로 환자의 등을 받치고 나머지 한손은 환자의 다른 쪽 부분의 팔이나 허리를 받친후 환자를 침대에 앉히고 신발을 벗긴다.

천천히 환자의 등 부분을 받치면서 천천히 베게 쪽으로 기울여 눕힌다. 다른 한손은 환자의 다른 쪽 팔이나 허리를 지탱시켜 넘어지지 않도록 보호한다. 환자가 일단 누웠으면 다리를 들어 침대 위로 올린다. 몸이 비스듬하게 되어 있는 것을 똑바로 될 수 있도록 다리를 침대의 중앙부분에 위치할 수 있도록 밀어준다.

머리를 베게에 편하게 위치하였는지를 살피고 고쳐준다. 이불을 덮어주고 신발 혹은 슬리퍼를 가지런히 둔다.

PART 9

음식 서비스 (Food Serving)

 테이블 치우기

선행 기술

손목운동 … 테이블의 음식식기를 정리하여 들고 갈 수 있는 능력

개념 … "상·하, 좌·우", "깨끗하고 더러움"

공간개념 … 테이블을 치우면서 균형감각 유지할 수 있는 능력

양팔, 양 다리 운동력 … 양팔을 사용하여 음식쟁반을 운반할 수 있는 능력

재료

음식접시 크고 작은 것 20개, 숟가락, 젓가락 20개, 냅킨, 유리컵, 종이컵 20개, 음식 받침 쟁반 5개, 음식 쓰레기통, 일반 쓰레기통

진행방법

테이블위의 일회용 컵과 휴지를 쓰레기통에 버린다. 각 접시에 남아있는 음식쓰레기를 음식 쓰레기통에 비운다. 한 접시씩 음식쓰레기를 버리고 접시를 음식받침쟁반에 담는다. 음식 받침쟁반은 너무 많은 그릇을 담으면 무거워 쏟을 수 있으므로 20개 이상 담지 않는다.

음식 그릇이 담긴 받침쟁반을 주방으로 옮기고 새 받침쟁반을 가져와 나머지 음식그릇의 음식쓰레기를 음식 쓰레기통에 비운다. 음식 그릇을 차곡차곡 받침쟁반에 담는다. 수저를 모두 모아 받침쟁반에 담는다. 나머지 컵과 식기 등 음식집기를 모두 받침쟁반에 담아 주방으로 옮긴다.

깨끗하게 빨아서 짜 둔 젖은 행주 2-3개와 마른 행주를 가지고 온다. 젖은 행주로 테이블을 깨끗이 닦는다. 행주의 더러워진 부분은 뒤집어서 깨끗한 부분으로 닦는다. 행주가 더러워지면 새 젖은 행주를 사용하여 테이블을 닦는다.

마른 행주로 테이블 전체를 다시 깨끗이 닦는다.

의자를 정돈하여 테이블 밑으로 넣고 음식 쓰레기통과 일반 쓰레기통을 주방으로 가져간다. 테이블 밑의 쓰레기를 깨끗이 정리한다.

능력이 있는 학생과 느린 학생에 맞추어 점진적으로 복잡한 과정을 제공하도록 한다. 일이 끝나면 강화하여 일의 보람을 느낄 수 있게 해준다.

 테이블 닦기

선행 기술

개념 … "깨끗함", "모서리" "테두리"

눈-손 협응 운동 … 닦는 활동은 보고 닦는 능력

손목의 유연성 … 행주로 닦는 일을 할 수 있는 능력

손·발 협응 … 자리를 옮겨가며 닦을 수 있는 능력

재료

비누질 된 수세미 여러장, 수세미 담는 물걸레 통, 여러 종류의 젖은 행주, 마른 행주, 앞의 물건들을 담아올 중간 사이즈의 쟁반, 중간 사이즈 쓰레기 통, 키친 타월, 혹은 휴지

진행방법

수세미는 비누질을 하여 거품을 낸 후 꼭 짜서 물이 흐르지 않게 한 후 쟁반에 담는다. 젖은 행주와 마른 행주를 쟁반에 담아 테이블까지 가져온다.

테이블에 쓰레기가 있으면 우선 쓰레기를 쓰레기통에 담는다. 휴지나 키친 타월을 사용하여 음식물 쓰레기를 닦아낸다. 비누질 된 수세미로 테이블 전체를 돌아가며 깨끗이 닦는다. 모서리와 테이블 테두리까지 잊지 않고 비누질된 수세미로 닦는다. 약간 힘을 주어 비빌 수 있어야 한다.

젖은 행주로 비누질 된 거품을 모아들이듯이 힘주어 닦는다. 더러워진 부분은 접어서 깨끗한 부분의 젖은 행주질을 하여 테이블 전체를 닦는다. 젖은 행주를 새것으로 바꾸어 전체를 깨끗이 닦은 다음 마른 행주로 테이블 전체를 다시 닦아준다. 이때에도 모서리와 테두리까지 빠짐없이 닦아낸다.

테이블의 의자 혹은 방석을 깨끗이 정리한다. 쓰레기통과 쟁반을 주방으로 가져간다.

의자 정돈하기

선행 기술

개념 … "위·아래, 밑" "수 개념"

양팔 협응능력 … 의지를 밀어넣고 정리할 수 있는 능력

시각변별능력 … 의자가 제자리에 바르게 들어가 있는지를 파악할 수 있는 능력

쥐기·잡기능력 … 의자를 쥐고 잡을 수 있는 능력

재료

각종 의자 (크기와 높낮이가 다른 접이의자를 포함한 각종 의자), 테이블,
쓰레기통

진행방법

의자 밑의 쓰레기를 모아 쓰레기통에 담는다. 의자는 각 테이블마다 같은
종류의 같은 크기의 의자를 같은 숫자로 정리해 넣어야 한다.

학생은 각각의 같은 종류의 의자끼리 모아둔다. 같은 종류의 의자이지만
크기가 다른 의자들은 같은 크기대로 정리한다. 접이식 의자나 플라스틱
의자로 층층이 쌓을 수 있는 의자는 열을 지어 쌓아둘 수 있게 한다.

테이블에 따라 적합한 높이의 의자를 같은 종류와 같은 색상과 같은 크기
의 의자들로 한 테이블 당 4~6개씩 정하여 테이블 밑으로 넣어 정리한다.
테이블의 높이에 맞는 의자를 선정하여 4개 혹은 6개씩 짝이 맞는 의자들
을 골라내어 한 테이블에 배치하여야 한다.

능력이 높은 학생들에게는 다양한 종류의 의자들과 색상이 다양한 의자들
을 제공하여 난이도를 높여가며 훈련할 수 있다. 특히 접이식 의자들은 한
켠에 넘어지지 않도록 배열하도록 한다. 능력이 낮으면 간단한 과제부터
시작하여 충분히 연습한 후에 점진적으로 복잡한 과제로 바꾸어나간다.

 음식 나르기

선행 기술

상·하지 운동 협응 ··· 음식을 들고 운반할 수 있는 능력

신체의 강건성 ··· 많은 음식을 운반하기 위하여 필요한 능력

균형감각 ··· 음식을 들고 운반하며 쏟지 않고 내려놓을 수 있는 능력

시각변별력 ··· 목적된 장소에 운반할 수 있는 능력

재료

운반용 큰 쟁반, 음식 (국물이 있는 음식, 국물이 없는 음식 여러 종류) 혹은 모형음식, 음식 담을 종지, 숟가락, 젓가락, 물컵, 식탁 (작업대)

진행방법

음식을 작은 음식 종지에 조금씩 떠서 담는다. 국물이 있는 음식, 국물이 없는 음식 등을 각각의 종지에 적당한 양으로 담아둔다. 여러 종류의 음식들을 종류별로 구분하여 떠 놓는다. 뒤섞어두면 음식 나르는데 불편하므로 각 종류별로 구분해둔다.

큰 쟁반에 갖가지의 음식이 담긴 접시를 겹치지 않도록 놓는다. 같은 종류의 음식으로 쟁반을 구성하지 않고 각각의 종류별로 담는다. 쟁반에 각 종류가 골고루 담기도록 선택할 수 있어야 한다. 너무 많이 담아 무거우면 운반하기 어려우므로 적당한 개수를 선택하도록 한다.

큰 쟁반에 수저를 함께 담아 쏟지 않고 운반한다. 두 손을 사용하여 쏟지 않도록 평형되게 들고 서둘지 않고 걷는다. 식탁 (작업대)에 도착하면 식탁에 쟁반을 내려놓고 한 가지씩 쟁반에서 식탁으로 내려놓는다. 각 종류의 음식이 한 테이블에 놓아지도록 한다.

능력이 큰 학생들은 다양한 방법으로 운반할 수 있게 훈련하고 능력이 떨어지는 학생들은 간단한 음식 운반부터 시작한다.

바닥 청소하기

선행 기술

개념 … "깨끗함", "더러움", "청소도구 명칭 알기"를 알아야 한다.

도구 사용방법 … 빗자루, 쓰레받기, 휴지통, 밀대의 사용방법을 알아야 한다.

눈-손의 협응조정 … 빗자루로 쓰레기를 모아서 쓰레받기에 담아서 휴지통에 버리고 난 뒤 시선을 앞쪽 전방 2m에 두고 양손으로 밀대를 잡고 바닥을 닦는다.

신체 균형감각 … 모아진 쓰레기를 쓰레받기에 담아서 오른손으로 휴지통을 잡고 왼손으로 쓰레받기의 휴지를 휴지통에 버린다.

상하지 운동협응 … 밀대를 자루의 위쪽 부분을 양손으로 힘있게 잡고 안쪽에서 출입구 쪽으로 양발을 천천히 이동하며 바닥을 닦는다.

재료

빗자루, 쓰레받기, 휴지통, 밀대

진행방법

몸의 앞 중앙에 빗자루를 45° 정도 바닥으로 기울게 해서 오른손으로 빗자루의 윗부분을 잡고(힘있게 빗자루를 잡는다) 왼손으로는 쓰레받기를 잡는다.

안쪽에서 출입구 쪽으로 쓰레기를 모아서 쓰레받기에 담아서 오른손으로 휴지통을 잡고 왼손으로 쓰레받기의 휴지를 휴지통에 버린다.(쓰레기가 휴지통 밖으로 쏟아지지 않도록 하고, 잘못하는 학생에게는 작은 곳에서 시작하여 또는 소량의 쓰레기를 쓸게 한다).

휴지통에 모아진 쓰레기를 밖으로 꺼내 놓고 쓰레기와 재활용 할 수 있는 물품(음료수병, 우유팩)등을 분리한다.

밀대를 자루의 위쪽 부분을 왼손이 아래로 향하고 약 10m정도 떨어진 거리에 오른손을 놓고 힘있게 잡고 안쪽에서 출입구 쪽으로 양발을 천천히 이동하며 바닥을 닦는다.(잘못하는 학생에게는 작은 공간에서 닦을 수 있도록 한다.

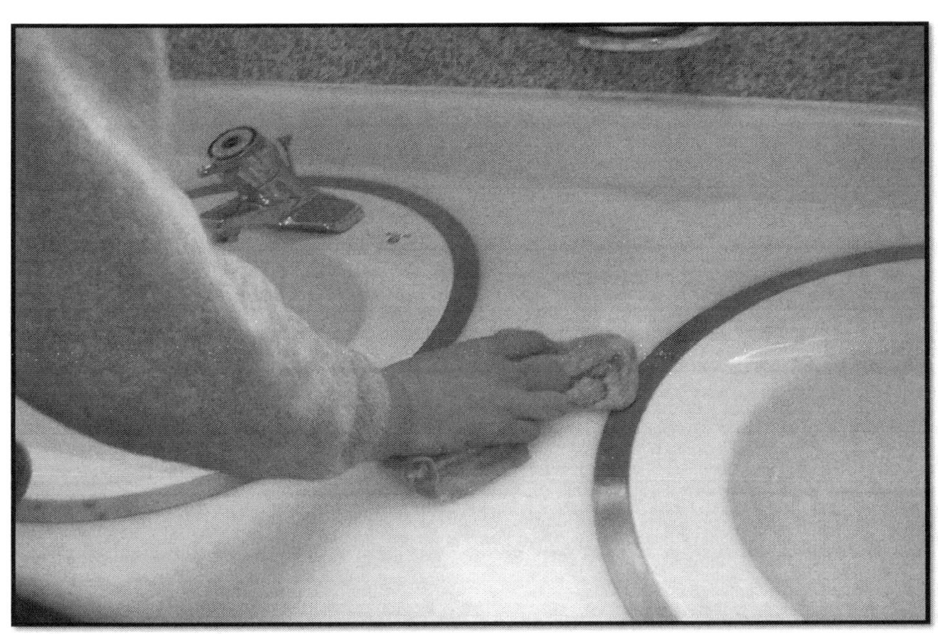

 걸레 청소하기

선행 기술

개념 … "깨끗함", "더러움", "위", "아래" 명칭을 알기

시각변별력 … 걸레의 더러운 부분을 확인한다.

눈-손 협응 조정 … 눈으로 걸레의 더러운 부분을 확인하고 특히 더러운 부분을 깨끗하게 여러 번 세탁한다.

균형감각 … 상체와 하체의 균형 감각을 유지하며 바닥을 청소한다.

양팔 협응운동 … 양손에 똑같은 힘을 가하여 걸레의 중앙을 힘있게 잡고 바닥을 문지른다(한쪽 팔이 불편한 학생은 한손으로 걸레를 잡고 바닥을 청소한다).

손목의 유연성 … 양손으로 걸레를 중앙을 잡고 손목을 유연하게 움직이면서 바닥을 청소한다.

재료

걸레

진행방법

걸레를 깨끗하게 세탁하여 물기를 제거한 다음에 안쪽에서 바깥쪽으로 향하여 바닥을 청소한다. 바닥의 사각 모서리에 먼지가 많이 있을 수 있으므로 특히 깨끗하게 여러 번 문지른다. 몸은 50°정도 기울이고 두 손으로 밀대를 쥐고 문지른다. 밀대의 깨끗한 부분으로 돌려가며 바닥을 닦는다.

능력이 우수한 학생은 걸레를 빨고, 짜는 방법과 다양한 자루걸레를 사용하는 방법을 활용할 수 있다. 또한 방안의 깨끗한 정도를 점차 높여가며 완성도를 체크한다. 능력이 떨어지는 학생은 단순히 걸레를 밀고 갈 수 있는 능력부터 훈련한다.

청소가 끝난 뒤에는 걸레를 깨끗하게 세탁해서 밀대의 걸레를 떼어내거나 혹은 자루와 함께 햇볕에 말리는 훈련까지 한다. 다양한 종유의 밀대와 손걸레로 확대할 수 있다.

PART 10

기타 작업 (Miscellaneous Tasks)

 **너트와 볼트판 완성하기 - A**

선행기술

손목의 유연성 … 볼트위에 너트를 돌려 고정시키는 능력

하나에 하나 대응하기 … 각 볼트에 너트 하나

눈-손의 협응조정 … 볼트에 너트를 놓기

크기 맞추기 … (우수한 학생이) 시행착오 방법을 사용하기 보다는 크기별로 너트와 볼트를 시각적으로 맞추는 능력

재료

판 1개 ⋯ 나무에 고정된 각기 다른 직경과 길이의 볼트 40개가 있는 30㎝ × 35㎝ 크기의 나무판 (똑같은 간격의 각 5줄에 볼트 8개씩)

너트 40개 ⋯ 볼트와 일치하는 여러 가지의 크기

용기 1개 ⋯ 너트를 담을 용기

진행방법

학생은 용기에서 너트 한 개를 집어, 그것을 옳은 볼트에 끼워 그것을 단단히 고정시킨다. 잘 못하는 학생은 볼트에 너트가 꼭 맞을때까지 시행착오 방법을 종종 사용할 것이지만, 우수한 학생이 볼트에 시각적으로 맞추는 것은 장려한다.

학생은 모든 너트를 볼트에 확고히 돌려 고정시킬때까지 그 과정을 계속한다.

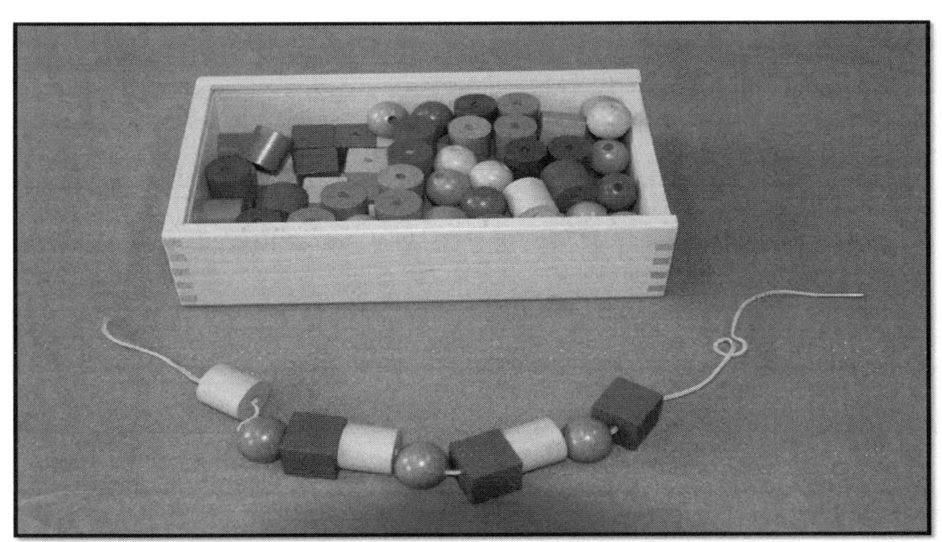

 # 구슬이 꿰진 순서를 따르기

선행기술

색깔 맞추기 ⋯ 구슬의 색깔을 해당하는 견본 구슬을 맞추기

모양 맞추기 ⋯ 구슬의 모양을 해당하는 견본 구슬에 맞추는 능력

눈-손의 협응조정 ⋯ 실에 구슬을 꿰는 능력

꿰진 순서 따르기 ⋯ 순서의 한 구성 요소의 위치를 정하며, 그것을 맞추고, 그 다음 꿰진 순서의 새 위치를 다시 정하는 능력

재료

구슬 60개 ⋯ 6가지 상이한 모양과 색깔의 구슬 10세트

실 ⋯ 밧줄 종류의 방아끈 실은 반복하여 사용한 후에도 그대로 남아있기 때문에 꽤 효과가 있다.

용기 1 개 ⋯ 구슬을 담을 용기

진행방법

여러 가지 색깔과 모양의 구슬 6-8개를 실에 꿰어, 그것을 학생 앞의 탁자 위에 놓으므로써 학생이 따라야 할 견본을 만들어라.

학생은 용기에서 견본과 일치하는 구슬을 골라 바른 순으로 그것을 실에 꿴다. 학생이 구슬이 꿰진 순서를 재연하면, 학생은 실이 찰때까지 구슬의 꿰진 순서를 반복한다.

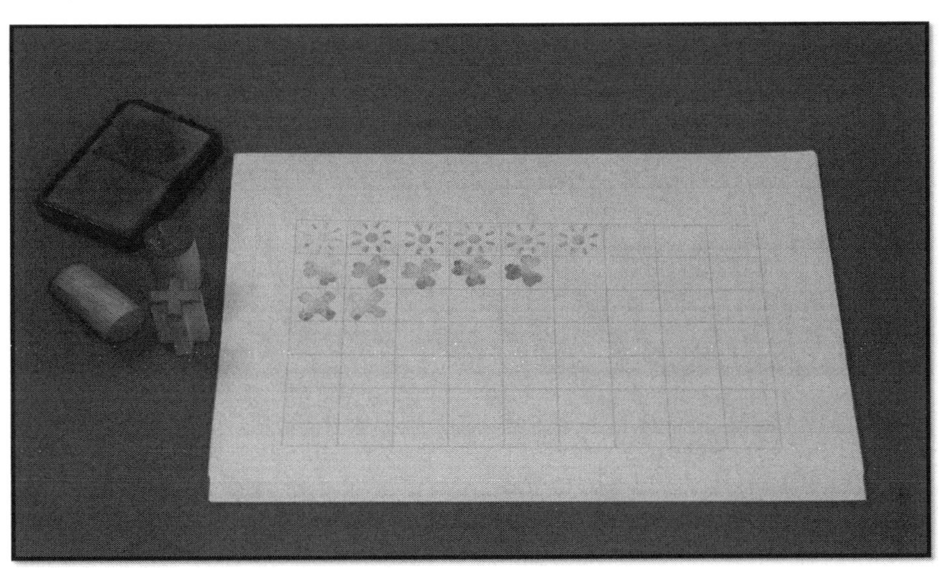

 **선 안에 도장찍기**

선행기술

도장찍기 ⋯ 특정 자리에 도장을 명확히 찍는 능력

눈-손의 협응조절 ⋯ 선을 밟지 않으면서 종위위의 네모난 자리에 도장을 놓기

하나에 하나 대응하기 ⋯ 각 네모난 자리에 도장하나

왼쪽에서 오른쪽으로, 위에서 아래로 진행하기 ⋯ 왼쪽에서 오른쪽으로 페이지를 건너 이동하기. 그리고 위에서 밑으로 페이지를 아래로 이동

하기

크기 맞추기 … 우수한 학생에 대하여서는 도장의 크기를 종이위의 해당 네모칸에 맞추기

재료

고무도장 3개 … 문구점에서 구할 수 있는, 또는 사업체에 쓸모없는 도장을 달라고 부탁하거나 도는 도장을 만드는 인쇄소에 여분의 도장을 달라고 부탁할 수 있다.

패턴된 종이 3장 … 사용할 상이한 3개의 도장에 맞는 3장의 상이한 네모칸의 복사물을 간략하게 만들어라. 네모칸은 경계안에 놓여질 도장보다 1.5㎝ 커야 한다.

스템프 인주 1곽 … 문구점에서 구입

진행방법

학생에게 상이한 고무도장 3개, 스템프 인주 1곽, 해당하는 종이 3장을 준다.

우수한 학생은 종이위의 네모칸의 크기에 도장의 크기를 비교함으로써 각 도장에 대해 옳은 종이를 결정할 수 있다. 잘 못하는 학생을 위해서 교사는 각 종이위에 견본도장을 하나 찍어주거나 또는 그들에게 한번에 한 개의 도장과 그것의 해당하는 종이만을 주어도 좋다.

학생은 종이의 각 네모칸에 선위에 도장이 찍히지 않도록 주의하면서 도장을 찍는다. 학생은 각 네모칸에 한 개의 도장만을 놓고, 가능한 한 명확하게 도장을 찍으려 노력해야 한다는 것을 상기하여야 한다.

학생은 종이 모두를 적당히 채울 때까지 계속한다.

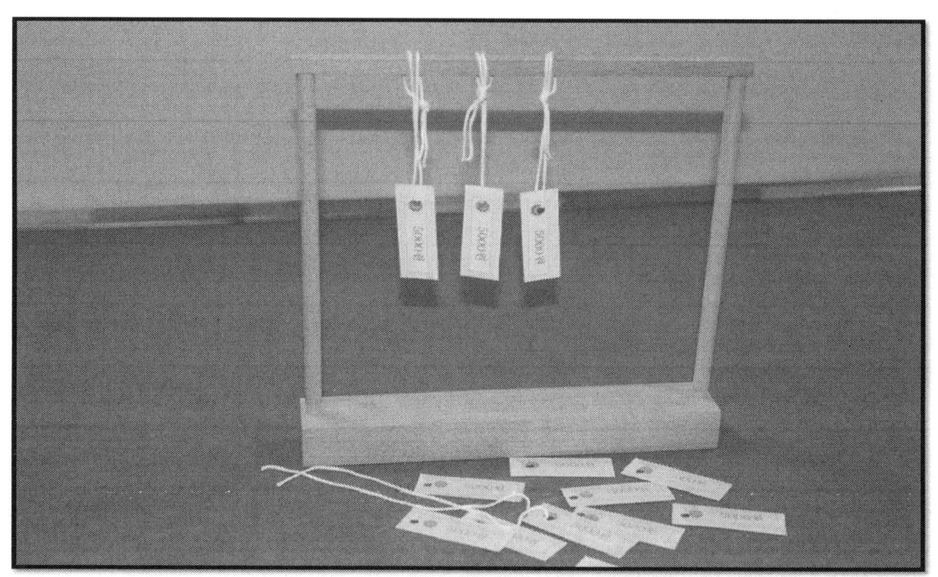

 ## 가격표 붙이기

선행기술

뛰어난 운동신경의 협응조정 ⋯ 가격표 한 장을 한번에 집기

눈-손의 협응조정 ⋯ 다울링에 끈을 두르고 그 끈고리를 통해서 표의 종이부분을 끼워 넣는 능력

재료

가로 막대 또는 다울링 1 개 ⋯ 또는 표를 붙일 수 있는 어떤 구조물

가격표 100장 ⋯ 문구점에서 구입한 가격표

용기 1개 ⋯ 가격표를 담을 용기

진행방법

학생은 용기에서 가격표 한 장을 꺼내서 한손으로는 종이부분을, 다른 손으로는 끈 부분을 잡는다. 학생은 다울링에 그 끈을 두르고, 그것을 다울링에 붙잡아매기 위해서 끈고리를 통해서 종이부분을 끼워 넣는다.

학생은 가격표 모두를 다울링에 붙잡아 맬 때까지 그 과정을 계속한다.

또 다른 작업은 다음 학생이 그 가격표를 다울링에서 떼어내는 것이 될 것이다.

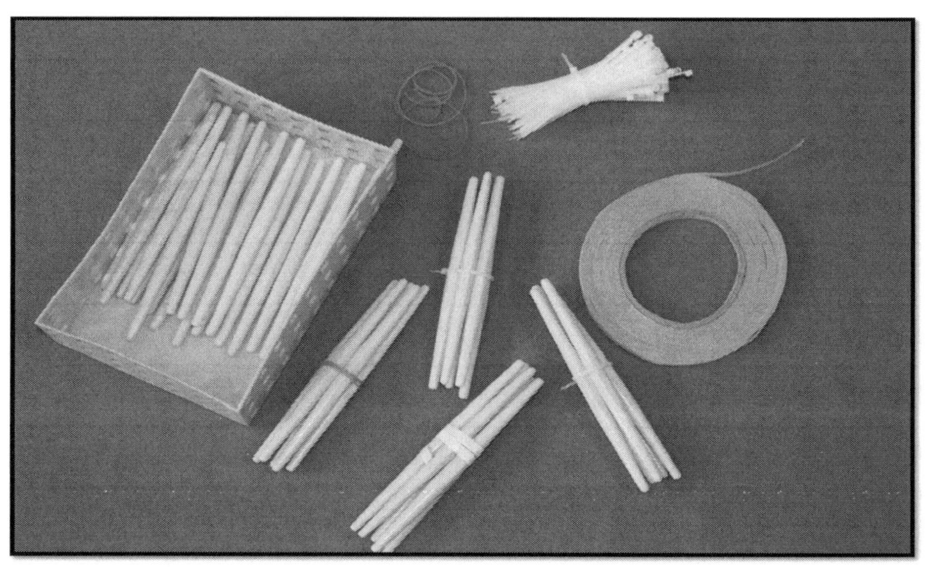

 **아이스캔디 막대를 다발로 묶기**

선행기술

세기 ··· 5까지 세는 능력 (학생이 5까지 셀 수 없으면 그 학생에게 계산판을 마련해 줄 수 있다)

하나에 하나 대응하기 ··· 센 각 수효만큼 막대를 하나 하나 집기

눈-손의 협응조정 ··· 고무밴드, 테이프, 그리고 꼰끈을 다루기

손목의 유연성 ··· 고무밴드와 꼰끈을 돌리기

재료

아이스캔디 막대 50개 ⋯ 취미 상점에서 찾아낼 수 있다

고무벨트 10개

접착테이프 1말이

끈끈이 10개

커피 깡통 1개 ⋯ 또는 "완료" 품을 담을 어떤 형태의 용기라도 사용가능

진행방법

학생은 아이스캔디 막대 5개를 세고, 그 다음 그 막대를 교사의 지시에 따라 고무밴드나 접착테이프 또는 끈끈으로 묶는다. 그 다음 그 묶음을 "완료"용기에 담는다.

학생은 막대 모두를 다발로 묶을때까지 계속한다.

 ## 볼트와 너트 무게 달기

선행기술

손바닥 움켜잡기 … 한줌의 볼트 너트를 꺼내기. 그리고 그것을 한 개도 떨어뜨리지 않고 그릇에 담기

도구 사용 … 저울 눈금을 읽고, 그 눈금이 1파운드의 무게를 가리키는 때를 결정하는 능력

쏟아붇기 … 볼트와 너트를 하나도 떨어뜨리지 않고 그릇에서 주머니에 쏟아 붇는 능력

봉하기 ··· 자체 밀폐되는 주머니를 봉하는 능력

재료

앉은뱅이 저울 1 개 ··· 적어도 4kg의 수용 능력이 있는 앉은뱅이 저울

플라스틱 그릇 ··· 저울의 꼭대기에 맞는 그릇

볼트와 너트 각 10kg ··· 한 가지 크기의 볼트와 너트만이 필요한 것이 아니므로, 부모, 철물상점 혹은 목수에게 여분의 볼트와 너트를 달라고 부탁하라.

주머니 20개 ··· 자체 밀폐되는 샌드위치 크기의 주머니

용기 ··· 못을 담을 용기

진행방법

왼쪽에서 오른쪽으로 진행시키기 위해서, 볼트와 너트가 담긴 용기는 학생의 왼쪽에, 저울은 가운데, 그리고 "완료"더미는 학생의 오른쪽에 놓여져야 한다.

학생은 주용기에서 볼트와 너트를 한줌을 꺼내어, 저울 눈금이 400g 무게를 가리킬때까지 저울위 용기에 담는다.

학생은 그 다음 자체 밀폐되는 주머니에 볼트와 너트를 쏟아붓고 그 주머니를 봉하여 "완료"더미에 놓는다. 학생은 모든 가방을 446g의 볼트와 너트로 채우고, 봉할때까지 이 과정을 계속한다.

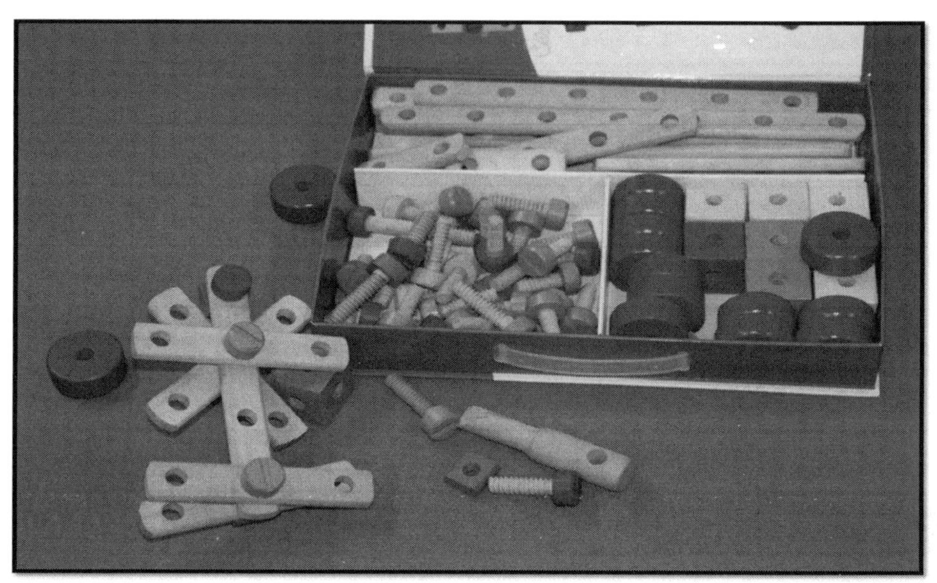

 **너트와 볼트판 완성하기 – B**

선행기술

모양 맞추기 ⋯ 나무로 된 모양을 판위의 윤곽선에 맞추는 능력

크기 맞추기 ⋯ 정확한 볼트를 해당하는 구멍에 그리고 그 해당하는 워셔
와 너트를 볼트에 맞추는 능력

조립하기 ⋯ 너트의 앞에, 워셔를 볼트에 끼우기

손목의 유연성 ⋯ 볼트에 너트를 돌려 고정시키는 능력

하나에 하나 대응하기 … 각 구멍에 볼트 한 개, 그리고 볼트에 워셔와 너트 끼우기

눈-손의 협응조정 … 구멍에 볼트를 넣고, 워셔와 너트를 볼트에 끼우기

재료

핀 1개 … 0.5㎝두께의 콜크판으로 만든 것과 수직으로 세워 설치한 판

모양 9가지 … 콜크판에서 잘라낸 가지각색의 모양. 그 모양은 판에 위치가 정해져야 하며, 윤곽선이 그려져야 하며, 모양과 판을 통과하여 구멍이 완전히 뚫려야 한다. 각 모양에는 1내지 4개의 뚫린 구멍이 있어야 한다.

너트, 볼트와 워셔 … 뚫린 구멍의 크기와 일치하는 볼트. 그리고 볼트에 맞는 너트와 워셔. 이 구성요소의 수효는 뚫린 구멍의 수효에 따라 바뀔 것이다.

용기 1 개 … 너트, 볼트와 워셔를 담을 용기

진행방법

완전히 분해된 판을 가지고 시작하여 학생은 모양 하나를 집어 판의 적당한 윤곽선에 맞춘다. 학생은 정확한 크기의 볼트를 찾아 판의 뒷면을 통해서 그것을 끼워넣어 모양을 연결한다. 학생은 그 다음 볼트에 맞는 해당 워셔와 너트를 찾아내어 볼트에 워셔를 끼운다. 그리고 볼트위의 너트를 돌려 단단히 고정시킨다.

학생은 모양 모두를 판에 단단히 고정시킬때까지 각 모양을 가지고 이 과정을 계속한다.

잘못하는 학생은 두 줄의 모양이 이미 판에 고정되어 있고 또는 모양 하나만을 제외하고 이미 완성된 판을 가지고 시작하라.

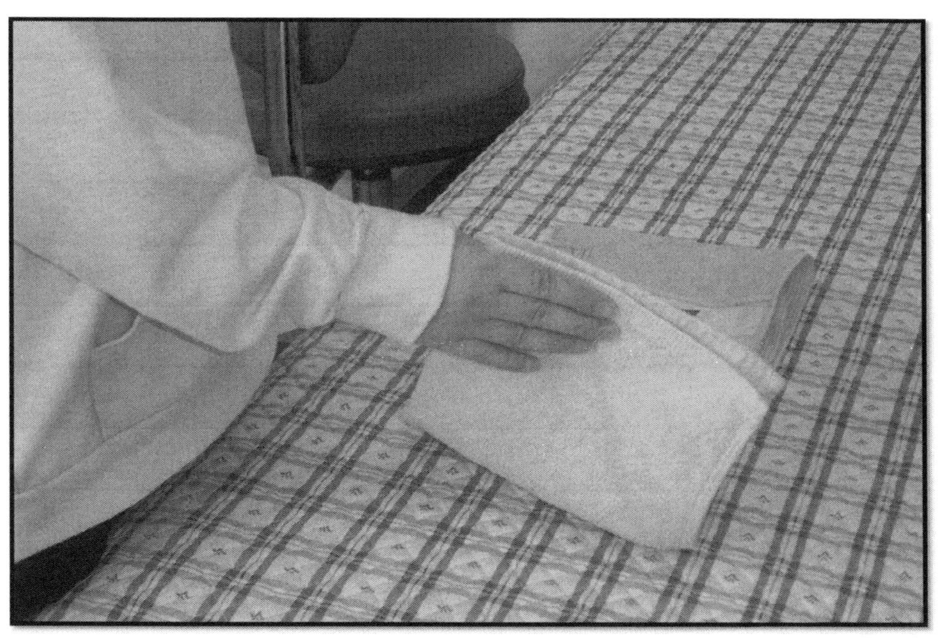

 수건 접기

선행기술

개념 … 앞, 뒤, 모서리를 알아야 한다. 또한 반으로 접는 개념을 가지고 있어야 한다.

눈-손의 협응 … 수건의 가로 세로 모서리를 맞추어 접을 수 있는 협응능력

손목의 유연성 … 접는 세부적인 운동을 위하여 손목의 유연함이 필요함.

재료

여러 크기 및 여러 색의 수건, 큰 작업대, 큰 바구니

진행방법

여러 종류의 수건을 준비하여 다양한 방식으로 접는 연습을 시킨다. 수건은 크기와 색깔에 따라 분류한다.

넓고 큰 목욕 타올의 경우에는 타올을 작업대에 넓게 핀 후 왼쪽에서 오른쪽으로 모서리를 확인하여 크게 반 접는다. 그래도 크므로 왼쪽에서 오른쪽으로 두번 더 접는다. 다음에는 위쪽의 모서리에서 아래쪽으로 옆을 가지런히 하면서 두번 접어 내린다.

작은 세수타올은 작업대에 핀 후 왼쪽에서 오른쪽으로 모서리를 확인하며 한번 접는다. 다시 한번 왼쪽에서 오른 쪽으로 한번 접는다. 다음으로는 위에서 아래로 한번 접는다.

색깔별, 크기별로 분류하여 바구니에 담는다.

우수한 학생의 경우에는 다양한 방법으로 접는 훈련을 시키고 점차 화장실 안의 수건을 거는 방법, 보관장에 담아두는 방법 및 쉬트, 옷 등 접기가 필요한 일상생활품으로 확대할 수 있다.

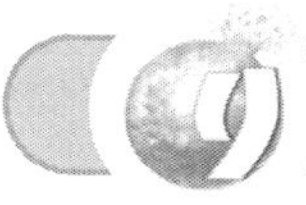 **음식 종류별로 담기**

선행 기술

눈 손의 협응능력 ⋯ 눈으로 음식을 보면서 집게나 국자를 사용하여 음식을 집어서 접시에 담는다.

손목의 유연성 ⋯ 집게나 국자를 사용하여 음식을 접시에 담을 때 부드럽게 음식을 집도록 하여 음식의 형태를 유지하도록 한다.

균형감각 ⋯ 접시의 한가운데 음식이 놓이도록 손의 균형 감각을 유지한다.

시각변별력 ··· 음식종류와 크기를 고려하여 적당한 접시를 선택한다.

재료

여러 가지 음식물, 각종 크기의 접시, 국자, 집게, 숟가락

진행방법

각종 음식의 특성을 익혀 집게로 집어야 할 음식과 국자로 떠서 접시에 담는 음식, 또는 숟가락을 사용하여 접시에 담는 음식을 구별한다.(조리된 음식의 형태를 유지 하도록 하는 손의 힘 조절 능력을 익힌다)

접시의 종류를 익혀 음식종류에 따라 적당한 접시의 종류를 선택할 수 있는 능력을 기르도록 한다.

처음에는 여러 종류의 모형음식을 사용하여 접시에 담는 연습을 하여 음식을 접시에 담는 능력을 숙달 시킨 뒤에 실제 음식을 접시에 담도록 한다.

능력이 큰 학생들은 여러 종류의 음식을 담도록 훈련하고 능력이 떨어지는 학생들은 담기 쉬운 음식부터 접시에 담는 연습을 시킨다.

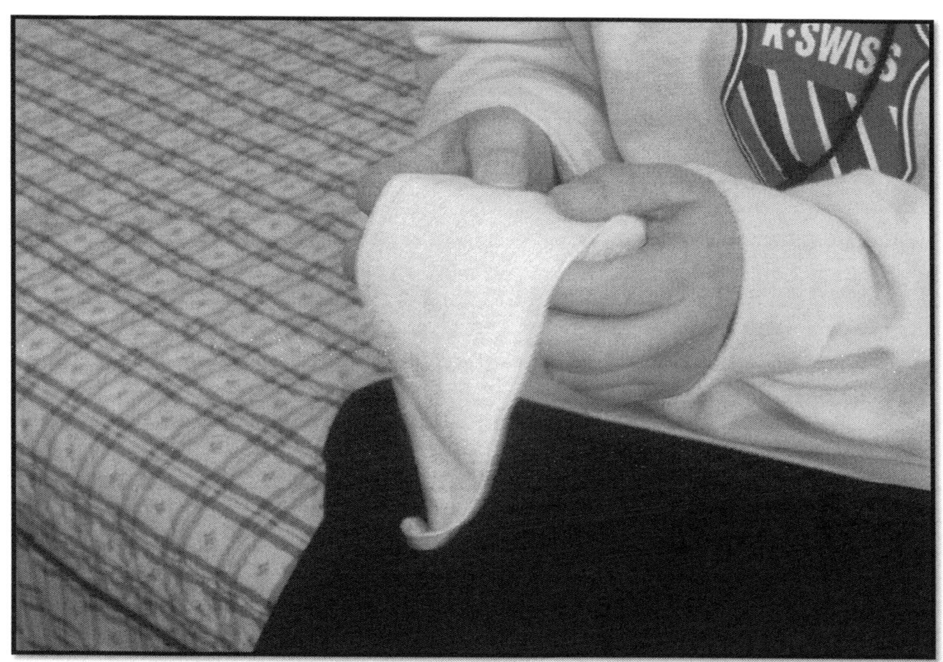

 붕대 감기

선행기술

눈-손의 협응능력 … 눈으로 보면서 붕대의 모서리를 맞추어 감는 능력

손목의 유연성 … 긴 붕대를 탄력있게 감아야 하므로 손목의 힘을 적절하게 조절할 수 있어야 한다.

양팔 협응 능력 … 똑같은 힘의 양팔을 사용하여야 하는 능력

재료

여러 넓이 및 길이의 붕대

진행방법

소독하고 말린 붕대를 세탁장에서 꺼내온다. 여러 넓이 및 길이의 붕대를 분류 한다.

붕대의 끝부분을 찾아서 두 손으로 감기 시작한다. 붕대의 양쪽 모서리를 맞추어 양손에 똑같은 힘을 주어 붕대를 감는다. 붕대의 다른 끝이 나올때 까지 감고 난 뒤 하얀 종이에 싼다.

붕대 감기를 끝낸후 종류별로 분류하여 용기에 담는다.

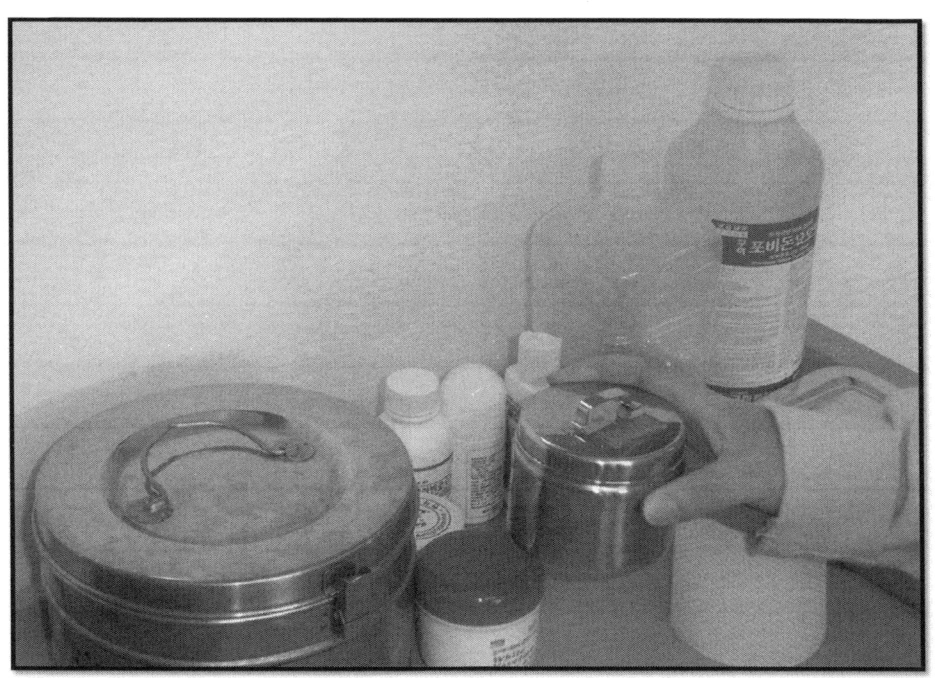

 병실 정리하기

선행기술

개념 … "깨끗함", "더러움"의 개념을 안다.

시각변별 … 병실의 각종 의료기구 및 물품들이 제자리에 있는지를 알 수 있는 능력

신체의 운동 능력 … 병실정리, 각종 물건 제자리로 옮기기 및 청소능력

눈-손 협응 능력 ··· 침대 정돈을 위해서 필요한 능력

재료

병실안의 각종 의료기구 및 물품

진행방법

병실안의 각종 의료기구 및 물품이 제자리에 있는지를 확인한다. 흩어져 있는 물건들은 제자리로 정리 한다. 더러운 물건을 치우고 바닥을 깨끗이 청소한다. 침대 시트가 흩어져 있으면 시트, 베게, 이불을 정리한다. 병실안의 휴지통을 비우고 필요없는 물건 등을 치운다.

문을 열고 환기를 한다. 화장실을 깨끗이 치우고 정돈한다. 쓰레기를 비운다.

관련문헌

◆ 강필수(1992). 장애인 직업평가 모델연구, 한국장애인고용촉진공단.

◆ 국립특수교육원(2007). 특수교육대상자의 진로·직업교육 교수 – 학습자료, 서울 :극동디앤씨(주).

◆ 김남순(2005). 정신지체아동 교육의 이론과 실제, 서울 :교육과학사.

◆ 김병탁(2002). 작업치료활동이 정신지체아의 직업기술에 미치는 효과. 석사학위논문. 대구대학교.

◆ 김삼섭(1997). 장애인의 직업적 성공 관련 요인에 관한 연구. 특수교육논집, 3, 1-19.

◆ 김진현, 정원미(2004). 상자와 나무토막검사의 정상아동 표준치에 관한 연구, 대한작업치료학회지, 12(1). 55-64.

◆ 대구장애인종합복지관(2006). 직업준비검사 실시 요강. 대구 :한진기획종합인쇄사.

◆ 박석돈(2001). 장애인 직업진로교육 및 지도론. 대구 :유림출판사.

◆ 장기연, 김원호, 한창완(2006). 제7차 교육과정에 기초한 손 기능 향상 프로그램이 정신지체인의 작업수행능력에 미치는 영향. 직업재활연구15(2). 213-233.

◆ 조인수(1993). 정신지체 학생 직업교육의 개선방향. 대한특수학회논문집, 9. 93-106

◆ 윤선근(1999). 작업기능훈련 Program이 정신지체아 작업수행능력 향상에 미치는 효과. 특수교육현장연구논문.

◆ 이달엽, 노임대(2005). 직업평가, 서울: 학지사.

· 이달엽(2003). 직업개발과 직업배치, 대구 :도서출판 중외.

· 중등특수학급전환교육연구회(2003). 특수학급의 전환교육.

· Campbell, P. H., & Mcinermey, W. H.(1998). Therapeutic programing for students with severe handicaps. *American Journal of Occupational Therapy, 38,* 584-601.

· Crane, L., (2002). *Mental retardation: A community integration approach. Belmont:* Thomson Learning

· Deusen, J. V., *Assessment in occupational therapy and Physical therapy.* Philadelphia: W.B. Saunders Co.

· McPhee, S. D. (1987). Functional hand evaluations: A review. *American Journal of Occupational Therapy, 41*(3). 158-63.

· Nester, M. A. (1984). Employment testing for handicapped person. *Public Personnel Management Journal, 13,* 417-434.

· Rogan, P., & Hanger, D. (1990). Vocational evaluation in supported employment. *Journal of Rehabilitation, 56*(1), 45-51.

· Shiffman, L. M. (1992). Effects of aging on adult hand function. *American Jorunal of Occupational Therapy, 41*(3). 158-63.

· Twomey, W. F. (1975). Placement of the severely handicapped: Report from the study group on.

· Wehman, M., S. (1988). *Vocational rehabilitation and supported employment . Baltimore.* Maryland: Paul Brooks Publishing. Co., Inc.

〈부 록〉 직업현장과 실무중심의 진단 및 평가

직무 분석 양식

1. 담당 직무

근무부서		현장관리자	
직 무 명			
주 작 업			
보조작업			
직무에서 주요한 사항			

2. 작업 시간

작업시간 (평일)			토요일	
근무형태	전일제	주말	2교대 근무	3교대 근무
시간 외 근무 (상/중/하)	주 / 월 (　　)회 (　　)시까지		빈 도	정기적 / 부정기적

3. 작업장 요소

중요도	상	중	하
작업 위험 요소	많다	약간 있다	위험하지 않다
	서술 :		
작업장환경 (온도, 조명, 소음, 먼지, 환기 등)	열악하다	보통이다	쾌적하다
	서술 :		
동료간 분위기	비협조적	보통	협조, 지시적
	서술 :		
외부인 고객 접촉	빈번하다	약간 있다	전혀 없거나 무관
	서술 :		
용 모	청결과 보기 좋은 외모 요함	청결만 요함	중요하지 않음

4. 작업 요소

중요도	상	중	하
손 기능	미세한 양손 작업 요구	미세하지 않은 양손 작업	한손 작업 가능
	서술 :		
이동능력	완전한 신체활동	약간의 이동작업	한 곳에서만 작업
	서술 :		
주의집중력	주의 집중을 매우 요함	대체로 주의집중 요함	주의집중 요하지 않음
	서술 :		
과제 변화 정도	하루에 5가지 이상 변화	4가지 이하 반복	1가지 반복 작업
	서술 :		
작업 지속 시간	3시간 이상 지속작업	휴식 없이 2시간 이상	2시간 미만
	서술 :		
들기, 운반하는 힘	강함(20kg 이상)	보통(5~20kg)	별로 요하지 않음
	서술 :		
변별력	재료 등의 구별이 요구	표시(힌트)에 의한 구별 요구	구별 요구 별로 없음
	서술 :		
직무의 연속성	5과제 이상 순서대로	2~4가지 과제 순서대로	한 번에 한 가지 과제
	서술 :		
작업 속도	빠른 작업(라인작업)	보통 작업	느린 작업
	서술 :		
지시 이해력	매우 중요함	보통	중요하지 않음
	서술 :		
의사소통 능력	많이 요구됨	대체로 가능하면 됨	중요하지 않음
	서술 :		
작업 자세	하루 종일 서서 작업	앉기, 서기 혼합	주로 앉아서 하는 작업
	서술 :		

5. 학습요소

중요도	상	중	하
읽기능력	문장을 읽고 이해 가능	문자 식별 능력 요구	요구되지 않음
	서술 :		
숫자능력	계산이 요구됨	3자리 숫자 읽기 요구	2자리 이하 숫자
	서술 :		
쓰기능력	문장기록능력이 요구됨	간단한 문자의 기록	요구되지 않음
	서술 :		
시간개념	분, 초 단위까지 가능	시간단위의 이해가 필요	요구되지 않음
	서술 :		
금전개념	거스름돈 주고받기	금액을 정확히 파악	요구되지 않음
	서술 :		

6. 기타

사용장비	
사용공구	
재료	
특별용어	
작업복	
안전장비	안전모 / 마스크 / 장갑 / 장화 / 보안경

교육평가	1. 사업체의 직무와 근무시간을 알 수 있는가? 2. 작업장의 환경과 작업수행에 필요한 개별적 환경을 개인 면담을 통하여 업무 내용을 파악할 수 있는가? 3. 업무 내용과 관련된 학습 요소를 적절히 수행할 수 있는가?

※ 출처: http://special.new21.org (손오공의 특수교육)

현장 교육

학생명		일 시		사업체명	○○산업
		시 간		직 무	장갑정리직
교 육 목 표		1. 작업을 지시대로 할 수 있다. 2. 작업을 지속적으로 할 수 있다. 3. 작업 중 오류를 찾을 수 있다.			

구 분	점 수					평 가 소 견
	1 매우 부족	2 부족	3 보통	4 잘함	5 매우 잘함	
1. 장갑의 엄지손가락 부분을 포개어 맞출 수 있다.						
2. 포개어 맞춘 장갑을 콘테이너에 같은 방향으로 두 줄씩 담을 수 있다.						
3. 다 채워진 콘테이너를 네 개씩 쌓을 수 있다.						
4. 오류가 발생한 장갑을 분리할 수 있다. (올풀림, 구멍남, 올이 나감)						
5. 정리해 놓은 장갑콘테이너 속에서 오류를 골라낼 수 있다.						
6. 뒷마무리를 스스로 할 수 있다. (방석 제자리놓기, 작업한 곳 쓸기)						
※ 작업수행시간 : 1콘테이너를 채우는 데 걸리는 시간 : 분 (동료장애인근로자 : 분, 타동료훈련생 : 분)						
교육평가	1. 작업을 지시대로 할 수 있는가? 2. 작업을 지속적으로 할 수 있는가? 3. 작업 중 오류를 찾을 수 있는가?					

※ 출처: 제주장애인종합복지관 직업재활센터

※ 출처: 대전 전환교육센터, 직업전환교육 워크숍

직업 훈련능력

영 역	하위 내용	항 목	평 가 정 도 (%)				
			0~20	20~40	40~60	60~80	80~100
1. 자립 기능	1) 의복 및 손질	① 혼자서 옷 입고 벗기					
		② 적절한 옷 입기					
		③ 손빨래하기					
		④ 세탁기, 건조기 사용하기					
	2) 용의단정	① 단정한 차림새하기					
		② 혼자서 손톱 깎기					
		③ 혼자서 머리 감기					
		④ 혼자서 목욕하기					
		⑤ 화장품 사용하기					
2. 개인 대인 관계 행동	1) 정서	① 적절한 감정 표현하기					
		② 감정 조절하기					
		③ 적당한 휴식 취하기					
	2) 타인지향 행동	① 다른 사람의 감정 이해하기					
		② 스스로 인사하기					
		③ 예의 지키기					
	3) 동기 유발	① 칭찬과 꾸중 이해하기					
		② 강화와 노력을 연결짓기					
	4) 사회지향 행동	① 행동 후의 결과 알기					
		② 인간의 성행동에 대한 이해					
		③ 사회적 규범에 맞는 행동하기					
3. 정보 처리 영역	1) 시각	① 형태, 색, 크기의 변별					
		② 시각으로 사물 관계짓기/이름					
	2) 청각	① 소리 구별하기					
		② 듣고 지시 따르기					
	3) 촉각	① 촉각에 의한 사물구별					
		② 온도구별 및 언어 표현					
	4) 언어의 이해	① 표현언어					
		② 수용언어					
4. 학습 영역	1) 문자	① 생활문 읽고 이해하기					
		② 문장 쓰기, 편지, 일기					
	2) 수	① 수세기					
		② 수 계산(가감승제)					
		③ 금전 사용 및 계산					
		④ 시계보기					

영 역	하위 내용	항 목	평 가 정 도 (%)				
			0~20	20~40	40~60	60~80	80~100
5. 직업 전 기능	1) 시각운동 협응	① 선긋기/자 사용					
		② 가위 사용					
		③ 기하학 도형 그리기					
	2) 조립작업 기능	① 분류작업하기					
		② 조립품 조합하기					
	3) 재배작업 기능	① 농기구 사용하기					
		② 채소 가꾸기, 수확하기					
6. 직무 관련 기능	1) 바른 자세	① 좌우, 위아래 구별하기					
		② 작업태도/성실성					
	2) 평형기능	① 자세의 평형유지					
		② 한발로 평형유지					
		③ 평균대 걷기					
		④ 선 위로 물건 들고 걷기					
		⑤ 발끝으로 서기					
		⑥ 무릎높이 뛰어넘기					
	3) 작은 근육 운동	① 물체 분류하기					
		② 구슬 끼우기					
		③ 실 감기					
	4) 지각운동 협응	① 눈과 손의 협응					
		② 손의 교차성, 점찍기					
	5) 근력 기능	① 손의 근력					
		② 상자 들고 옮기기					
7. 작업 수행 영역	1) 속도	① 일정한 속도로 작업하기					
		② 주어진 시간에 작업완료하기					
	2) 정확성	① 조립작업의 경우					
		② 재배작업의 경우					
	3) 지속성	① 1시간 이상의 작업					
		② 3시간 이상의 작업					
	4) 일관성	① 감독 없이 작업가능					
	5) 생산성	① 작업공정에 맞게 작업					
	6) 안전성	① 안전에 대한 이해					

영 역	하위 내용	항 목	평 가 정 도 (%)				
			0~20	20~40	40~60	60~80	80~100
8. 직업 생활 태도	1) 작업태도	① 작업장의 규칙 지키기					
		② 자기의사 표현하기					
		③ 성실성 및 열성					
	2) 시간	① 시간 지키기					
	3) 신뢰성	① 100% 출석하기					
		② 결석 시 통보하기					
	4) 지시 순종	① 지시 이해하고 따르기					
		② 작업 후 정리정돈하기					
	5)관리자와의 관계	① 예의 지키기					
		② 주의에 대한 올바른 반응하기					
	6) 동료관계	① 협력적 관계 유지					
		② 이상행동, 방해행동					
9. 취업 정보	1) 면접	① 자기소개하고 대답하기					
	2) 자기 이해	① 자신에 대한 이해도					
	3) 교통	① 교통수단 이용가능					

교육평가	1. 직업훈련평가를 실시하여 직업에 적합한 능력을 기를 수 있는가? 2. 자립기능, 개인대인관계행동, 정보처리영역, 학습영역, 직업 전 기능, 직무관련기능, 작업수행영역, 직업생활태도, 취업정보에 대해서 알 수 있는가?

※ 출처: 단계적인 직업훈련 과정이 장애학생의 진로지도에 미치는 영향(강릉오성학교)

직업 능력평가

성 명		나 이		장애명	

구 분		작업평가	현장평가	평 가 소 견
용 모	적합한 복장			〈작업평가〉
	개인위생			
변별력	크기변별			
	형태변별			
	공간변별			
	색변별력			
기 본 규 칙	출석상황			
	신상보고			
	시간준수			
	작업준비			
	정리정돈			
	안전에 대한 인식			
의 사 소 통	의사소통			
	지시 따르기			평가자　　　　　㊞
	주의사항 청취 및 이행			
대 인 관 계	언어습관			
	타인과의 협조관계			〈현장평가〉
	인사 및 예절			
	대화참여도			
신체적 조 건	손 사용			
	양손협응			
	운반(들기, 매기, 옮기기)			
	눈, 손 협응력			
	눈, 손, 발 협응력			
작 업 수 행	직무습득능력			
	자발적 참여도			
	주의집중도			
	지구력			
	작업도구의 사용 정도			
	불량률			
	문제해결능력			
	판단력			
	작업속도(숙련도)			평가자　　　　　㊞
총　　　점				
비 고	※ 항목별 점수채점 : 우수 2점, 양호 1점, 보통 0점, 미흡 −1점, 불량 −2점			

* 출처 :강원도 장애인 종합복지관
　(http://www.iljary.or.kr/cgi−bin/CrazyWWWBoard.cgi?mode=read&num=75&page=4&db=jaryo&backdepth=2)

이나미 교수

• 연세대학교 졸업
• 미국 University of Missouri-Columbia 특수교육학 Ph.D
• 한국교육개발원 책임연구원
• 명지대 연구교수
  현재〉 대불대학교 특수교육과 교수
  저서〉 특수아동 진단 및 평가 외 다수

김경신 선생님

• 목포대학교 졸업
• 조선대학교 특수교육학 박사
  현재〉 목포 인성학교 교사
  논문〉 정신지체학교 전공과 졸업생의 직업전환교육과
          직무수행 및 직무만족 간의 인과관계 외 다수

발달장애인의 직업 전 훈련 프로그램의 실제

1판 1쇄 발행 2009년 03월 05일
1판 4쇄 발행 2021년 05월 15일
공 저 자 이나미 • 김경신
발 행 인 이범만
발 행 처 **21세기사** (제406-00015호)
        경기도 파주시 산남로 72-16 (10882)
        Tel. 031-942-7861   Fax. 031-942-7864
        E-mail : 21cbook@naver.com
        ISBN 978-89-8468-239-9

정가 15,000원